探雪
TAN XUE

散文集

曾元沧/著

上海文艺出版社

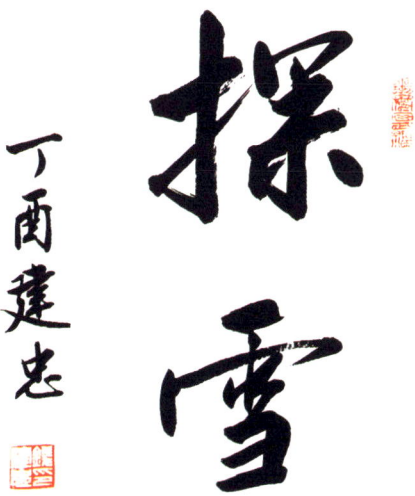

书名题字钱建忠

钱建忠：上海书法界耀眼之星，娴于字艺，深研书道

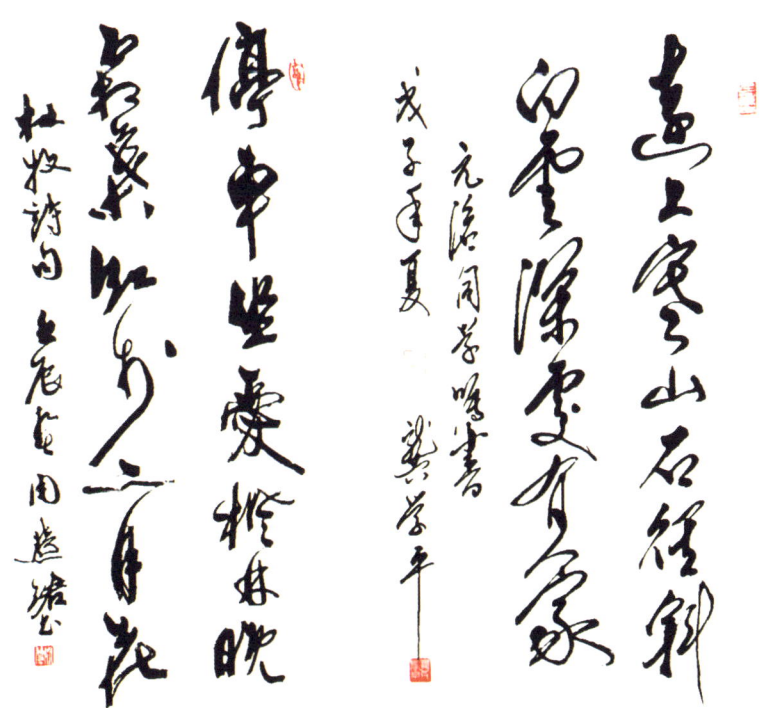

书法周慧珺　　　　书法龚学平

龚学平：原上海市委副书记、上海市人大主任
周慧珺：原上海书协主席、中国书协副主席

坐随壶山独幽邃
文与兰亭共悠长

元沧兄雅属 丁酉冬 赵丽宏书

题词赵丽宏

赵丽宏：上海作协副主席、中国散文学会副会长

作者近照

仙人柱

你从哪里来？千里万里？历经多少年啦？你注视着游子拖家带口归来，又听着他们在穿林惊雀的话别声中离去，默默地迎来送往。你曾经是单门独户的墙篱，如今在村道边站成了一处风景。你没有对优质泥土的诉求，长在简陋的溪石短垣上，风餐露宿，袒露生命的素妆与坚强。而且，愿意听从远方的呼唤，随时落户他乡。你早就成了莆田人，四海为家，但凭天赋秉性立于天地间。说你已经丢失了乡愁，恐怕不是的。和你在一起，我是不是也像柱子？

作者签名售书

好汉歌

那些天,一位外来送水工感动了一座城市:其冒寒踩霜,送水路上伤了脚,为了让用户春节期间不断水,咬咬牙将沉重的桶装水挨家挨户搬上楼,地上一滴接一滴的鲜血,恰似那一朵朵报春花,谱就一曲好汉歌……经过就近初诊后,上海宏康医院接棒,义务为他施行康复治疗,慷慨了素昧平生,精彩了大爱情节。我闻讯,决定去宏康医院签售新书义捐。画面上这位白发苍苍的大妈,给内外孙各买了一本,还说了几句暖心的话:"好书非药能医俗……"我当场把数千元签售款悉数捐给了可敬的送水工。那些天,这个事儿上了上海中心城区公共交通的车载电视,新华网也及时入列,报道了送水工的奉献精神。多次签名售书,这次尤为难忘。

自 序

裁剪书稿自吹风

　　这篇自序,意在自行吹风,把相关情况先诉诸有限的文字。似乎约定俗成:别人写序,多为介绍或点评书的内容;自己写序,只说著书之目的和经过。

　　先说目的。这册书是写给家乡亲朋好友和世上喜欢我的人看的。家乡是我的命根,我离不开她,相隔千里休戚与共,常在念中。各地读者正是从我的文章知道了我,也认识了我的家乡莆田。曾经有报社总编办公室的同事对我讲,你的家乡那么美丽那么好,我们都想去"插队落户"了。解读这番话,有两点是清晰的:一,我写家乡确实有很大的时间跨度了,你想想"插队落户"是哪个年代的事儿? 我的文章百分之六七十都没有游离家乡,家乡的山水、人物,往昔、现今一直萦绕在我笔端。二,我始终分清主流与支流,从正面描摹家乡,自定义为歌颂派。事实证明家乡在不断进步,由于时代火车头的拉动,文化之乡的传统特色愈发明显,原先的不足或缺点被逐个解决了,有的正处于消弭的过程中。尤其是乡亲们的精神面貌,有了飞跃式的变化,变得更为自信,有一种

探雪

掌握自己命运、创造更加美好生活的强烈追求。家乡"建设幸福家园"方兴未艾,她不就是整个时代的缩影吗?出这本书之目的就在于为时代的发展进步提供一个佐证,同时也让人们进一步了解生我育我的家乡。

再说经过。有出版社朋友建议我把写过的不同体例的文章包括散文、诗歌、小说、评论、报告文学、消息报道、通讯特写,还有新编全译唐诗三百首等汇总起来,出个"全集",我有拂好意,摇头婉谢了。我没有那么高大上,只不过做了职业份内和自己喜欢的事,只不过在新闻和文学两块田园中种植了一群小花小草,不适合那么大的动静。履职新民晚报之前,我为青年报社效劳,参与创办了生活周刊(报)。青年报副刊"红花",我给自己主持的生活周刊副刊取名"绿叶"。作为一个农民的儿子,我素来钟爱绿叶。再者,当绿叶有什么不好呢?春去秋来叶满地,融入沃土更护花。然而,我已被岁月推搡着步入晚年,又想对家乡、对读者有个交待,于是挑了一些发表过的文章,算敝帚自珍吧,加上近年的部分新作,

自序

集成了这本散文,并取其中的一篇《探雪》为书名。《探雪》一文写了特定岁月里的毛泽东。没有新中国就没有我的今天,我的精神世界里,毛泽东的地位不言而喻。回到家乡话题上来,有必要增补几笔。家乡和国家如同一枚棋子和整盘棋,两者牵而连之。莆田文人手中之笔历来不囿于莆田,更何况揣了几十年记者执照而又不怕山高路远的我,跑到哪里写到哪里成了我的习惯。这跟数以万计的莆田人不封步于故土,走四方打拼创业一个样(我有选择地写他们实为写家乡触须的延伸)。为了丰富题材,拓宽视野,书中也收录了非家乡的作品,与家乡作品的比例基本上符合本人的创作情况。

  本人坚持乡土文学创作,与一出铭心的经历不无关系。2004年底,中国散文学会、上海作家协会散文创作委员会、新民晚报社为我合办乡情散文研讨会,肯定了我"接地气,写家乡"的创作方向。研讨会由中国作协副主席叶辛主持,中国散文学会会长林非亲临主讲。文坛老前辈郭风为研讨会题词"真情感人",开委托散文家何为代表他俩发言,还叮嘱儿

探雪

子郭景能提早寄来了福建文联的贺信——

新民晚报社:

获悉贵社与中国散文学会、上海作家协会联袂,为闽籍作家曾元沧先生举办乡情散文研讨会,我们福建文学艺术界谨表感谢和祝贺。

曾元沧先生热爱家乡,与八闽大地血脉相连、感情互动,长期以来发表了许许多多描述乡情的感人文章,这与你们的帮助、支持分不开,体现了你们开阔的胸襟,对福建的关心,对我国乡土文学创作的关心。相信曾元沧先生会珍惜这份关爱,通过研讨总结,百尺竿头更进一步。

我们遥祝此次研讨会顺利进行、圆满成功。

福建省文联
2004年11月26日

这一切给了我莫大的鼓励与鞭策。收到题词与贺信的

自序

时候,我的双眼不禁被泪水浞湿了,福建没有忘记我这个游子啊!尽管我为家乡出的力极其绵薄,做的事微不足道,他们还是关爱有加,亲亲热热地把我拥入怀中。念于斯,我思想之海的春夏秋冬,奔涌的统一是感动、感激和感恩,没有任何的逆向潜流。

有一事至今感念于怀。那是上世纪80年代初,我应郭风老师之约去福州凤凰池(福建省作协所在地)他家中,郭老面授为文之道,如同一盏灯火朗照我继续前行。他用带着莆田乡音的普通话说,散文之最大特点在于"记",而评论文则在于"抨",不一样。散文的议论是夹在"记"中的,只是抓取主要节点抒发一些感受而已,不可也不必随处议论,多余的"插花"显得累赘。散文的感人之处往往取决于题材本身,不在于议论的多寡。记述可以有跳跃,但主线必须清晰。穿插不宜过多,特别要注意摈弃那些众所周知的资料性文字,否则就乱了,达不到普遍认同的"形散而神不散"的效果。散文作者善于探访生活的"荷塘",用笔毫轻轻撩拨"蜻蜓"透明的翅膀,语言优雅

探雪

细腻;评论作者擅于借事兴慨,通过触动时政叩问历史的心声,措辞严峻遒劲。他言明:"我说的是时下流行的狭义散文。"……郭老送我到门外墙篱边,轻拍着我的肩膀寄语:"亲情是一种珍贵的人文资源,家乡有的你写。"遵循他的指引,结合自己兴趣,本人把主要精力投放在了散文创作上。

在我的乡情散文研讨会上,沪上著名作家彭瑞高即席赋诗:"故乡是河,你是一条深情的鱼;故乡是天,你是一朵缱绻的云;故乡是宽厚的老师,你是充满童真的学生;故乡是慈爱的母亲,你是常怀歉疚的儿子……"美好的诗句代我吐露了心声:爱农村、爱家乡一如既往,初心不改;写农村、写家乡责无旁贷,不可懈怠。

谨以这本散文集子答谢家乡所有关心我的人和全国各地读者,若能得到首肯哂纳,我心则安矣。"晚晴芦白溪声远,凭栏舔箫自吹风。"情思邈邈,权且以此小文自序之。

曾元沧

2018年1月8日

目 录

乡 恋

荔花消息蜂影中	003
摇篮	006
看溪	009
唐诗深处遇老乡	012
莆田梅花	016
醉鱼草	021
微信在台风和记忆中穿行	024
最忆是长辈	028
微信·摇篮·石榴	032
日日有	036
我替母亲回娘家	040

	山远犹见树摇风	043
	命运的交集	046
	路遥梦阔军旅情	051
	清明无雨人纷纷	055
	莆田话的矜持与骄傲	058

乡 贤

冰心犹在玉壶中 ……………………………… 065
牵牛花 ……………………………………… 069
与林则徐对话 ……………………………… 073
落梅犹记刘克庄 …………………………… 077
林元培，大桥脊梁中国骄傲 ………………… 080
长袖善舞 …………………………………… 096
中国红 ……………………………………… 100
钤印桂圆担道义 …………………………… 104
本家真喜欢 ………………………………… 109
云里风的确不是风 ………………………… 115
名师情怀洁如许 …………………………… 119
去看你的那天细雨蒙蒙 …………………… 123

足 迹

探雪 ………………………………………… 129
搂定宝塔山 ………………………………… 133
情满潇湘 …………………………………… 137

富厚堂外有杆旗 …………………………………… 141
天府之国的人和事 ………………………………… 147
禅意九华山 ………………………………………… 151
济公故里访葛仙古茶 ……………………………… 154
在陶都做客 ………………………………………… 158
太湖边上十八弯 …………………………………… 161
去台湾的路上 ……………………………………… 164
日月潭上的老船长 ………………………………… 167
在鹿港读妈祖 ……………………………………… 171
并不遥远的新疆 …………………………………… 175
历雪的另一个刀郎 ………………………………… 178
情愿泰山 …………………………………………… 182
世界遗产入江郎 …………………………………… 185
静静的西城墙 ……………………………………… 188
在地震灾区 ………………………………………… 195
世界+小学 ………………………………………… 199

心　迹

懂善而得祥 ………………………………………… 205
人与土地共多情 …………………………………… 208
红心谱 ……………………………………………… 219
仙草之恋 …………………………………………… 222
音符飘处醉春风 …………………………………… 228
一个毫无脂粉气的秦淮女儿 ……………………… 233

富阳达夫静安影 ……………………………… 237
一墙意趣在山行 ……………………………… 241
君匋先生轶事 ………………………………… 244
邻居的孩子 …………………………………… 247
背影 …………………………………………… 250

其 他

琢磨细胞 ……………………………………… 255
狗·舌苔·人 ………………………………… 259
步行 …………………………………………… 262
炎夏之魂 ……………………………………… 265
风雨桃花 ……………………………………… 269
眨眨眼 ………………………………………… 272
有钱时在酒店吃野菜 ………………………… 274
凡人岁月 ……………………………………… 277
念情 …………………………………………… 280
望塞北听江南,雪中梅花俏 ………………… 283
湖湘归来忆美味 ……………………………… 286

后 记

补叙和鸣谢 …………………………………… 293

附 录

附录一 照片 ………………………………… 297

四代同堂全家福

部分亲属合影

与四叔一家合影

与大儿子、孙女合影

复旦门口与次子合影

橘子洲头合影

贾谊故居合影

曾国藩故居合影

在莆田木兰陂留影

全国收藏协会上海大会留影

在东庄过年与苏元族夫妇合影

莆田一中校友会五周年留影

在报社接待莆田乡亲合影

上海莆田城厢商会年会留影

与上海莆田荔城区商会

会长郑文寿、莆田学院附属医院院长

林海滨等人合影

附录二 初晤曾经沧海 …………………… 303

附录三 作家曾元沧传略 …………………… 307

荔花消息蜂影中

乡恋

荔枝香甜一脉传,蜂儿相随忙到今。寻芳赴花蕾,争先作队飞。一踏上桑梓沃土,蜜蜂忙碌的身影便把消息捎来——荔树开花了。

"荔城",是故乡莆田的别称,也是标志性符号。时序轮回中,莆田夏日的热情就是由荔枝点燃的。每年小暑未到,溪河水渠两岸,万千荔果就被太阳点化成了红玛瑙,树上、水中,紫霞、红潮,那种美噢,可谓炽烈而又酣畅!

我当然知道,苏轼寓情所记的"日啖荔枝三百颗"并不涉及莆田,写的是两广岭南一带的事儿;但我更明白,美国佛罗里达州的荔枝,是二十世纪初经传教士之手从莆田移植过去的,而后遍及美洲各地。它们的母本唐代古荔"宋家香",其蘖生根株至今还结结实实地活在城中,岁岁开花结果。为此,我曾不止一次举起历史表达自豪。

一个风和日丽天,我约上同学,循着蜂影,去了莆田荔枝

探雪

的主产地、沟渠纵横的"南北洋平原"。与其说去看望故旧,不如说去拜访荔林、蜜蜂和养蜂人——因为我清楚,眼下那里恰是以荔花为舞台背景,高悬"蜂"字旗上演"音乐剧"的胜地。

引领而望,荔林一派生机,老树新树错落有致,各显姿容。白色之中略带嫩绿的荔花,在天际线下画就一幅长卷,随风飘来沁人异香。越往前走,蜂影越来越稠,振翅之声越来越大,到了荔树跟前,嗡嗡嘤嘤响作一片。这声音非但不尖厉,相反格外悦耳,分明属于天籁。

密布枝头的蜜蜂,不停地抖动翅翼,时而在花间跃动移位,时而扑在花上将吸管伸向花心吮取蜜汁,每个脚上都沾满了花粉。突然,有只蜜蜂撞在了我身上,摔跌于地。我这才顺势发现,在散落的半干半湿的荔花中有五六只掉下的蜂儿,看样子起不来了。正所谓"累压微命,思巢不得归"啊。我不由动了恻隐之心。

蜂影迷离。我们向百米开外的"放蜂"场走去。但见草地上坐北朝南三排蜂箱,或叠放或单放,大概有八十余箱。一位养蜂人正戴着纱面罩,平举着两手,把一块"蜂窝"放回箱内,紧接着又提出一块。蜜蜂们在箱子的门洞前起起落落,进进出出,纷至沓来,又匆匆离去。它们沿着既定路线反复作舞蹈式飞翔——前方,有荔花在召唤。

应邀来到了养蜂人简陋的临时房。主人姓刘,高中文化,以养蜂为业已有 32 个春秋。妻子儿子连他自己仨,吃住、"摇蜜"都在这逼仄的空间里。问及年成,老刘喜形于色,说:"今年花旺,一只壮工蜂一天能吐 5 克蜜……""蜂蜜中,北方,槐花蜜最好;南方,荔枝蜜最好。"老刘接着说:"记得有人还专门写了《荔枝蜜》的文章哩。"我说那篇美文我也读过,甜了我整个少年期,作者杨朔是一位勤快犹如蜜蜂的散文家。

对于蜜蜂的功劳,老刘则说,撇开人类约有三分之一素食的源头植物需要蜜蜂授粉、大量蜂蜜出口为国家创汇不谈,蜂蜜对人的身体大有益处。这让我想起如今在一家医院工作的叫阿林的好朋友。阿林发育"拔架子",正遇上当年举国困难时期,但他却长得人高马大,不像从那阵子过来的莆田人,一般都比较瘦小。原来,他曾经跟随两位堂叔赶季追花养蜜蜂,叔叔将其视为己出,早晚让他进食蜂皇浆,从不吝惜。抚今追昔,阿林感慨多多。

养蜂人可以说是特殊的"游牧部落"。他们"居无定所",栉风沐雨,足迹遍天涯。哪里涌现花事,他们就连忙联系车皮,带着一箱箱的蜜蜂大转移,一路艰辛惟有寸心知。倘若当地花期已过,因故而无法及时转移,又偏逢连绵阴雨,他们就得"反养"蜜蜂,以保住小生命,稳定"劳动力"。从仲秋至初春,花踪杳然,饲养任务特别吃重。蜜蜂像人也会生病,还可能受到螨虫侵害,碰上这些情形,那真是麻烦多多,寝食难安……为了人间得甜蜜,难为你们了。蜜润心,人有情,大家都会记住你们的!

荔花无语,消息来自蜂影中。想起历史悠久的莆田荔枝,望着忙碌的蜜蜂,我觉得:小精灵们仿佛从唐诗宋词中飞来,又从《荔枝蜜》的字里行间飞去……

摇篮

探雪

人类是在摇篮里长大的。从古至今,摇篮摇出几多人?黔首白丁自在其列,帝王将相宁有另乎?

说起摇篮,我便不由想起"摇"过我的温馨如许的"篮":一只是生我乳我的家乡,一只是育我智我的复旦大学。饮水思源,羔羊仰母,我永远铭记她们的恩泽。

又不得不说及"文革"了。当年我到郊区工作遭受非正常审查落难时,有人"内查外调"发函去我家乡。乡亲们接函后为我的命运担心,村里专门开会研究,决定由"秀才"文书执笔回复。他们在回件中明白写上:"他在家乡尚幼,科头跣足,潜心学业,并无不轨,'大串联'回乡,宝书不离身,亦无不当言论……"这位秀才留了底稿,多年之后出示于我,让人真的好感动。谈笑间,感到那个时代已经远去。家乡疼爱我,保护我,犹如不忍心砍去一棵用乳汁和汗水浇灌出来的树木。

日落日出,月亏月圆,我在郊区一待就是八年。后来在老师和同学的帮助下,才实现了"专业归队",厕身新闻工作者行列。入党之前,组织上对我进行必要的审查。《青年报》社派车把外调人员送到复旦大学新闻系(现升级为新闻学院),受到有关领导的热情接待。母校认真地介绍了我的所有情况,可能还少不了美言数语。具体不得而知,那是党内秘密。说句心里话,我当时之所以要求加入中国共产党,并非为了点击"官键",只是一种崇高信仰执著着我的追求。红旗猎猎,国魂昭昭,我岂可游骑无属?母校了解我,成全我,犹如送子入伍当兵,走上了关山迢递的征程。

得泽于同一只摇篮是很有缘分的。说来也巧,今年元宵我回家乡,当地新闻界好几位朋友问我:"你认识不认识黄芝晓?他也是复旦出来的。"我笑答:"怎么不认识?他只比我低一届嘛。"找到了结合点,他们一个劲地夸他,说他每年如何如何深入基层调研,如何如何关心同仁和朋友,帮他们解忧解困,又是如何如何多才多艺,不但能写一手锦绣文章,他的摄影作品还得过大奖哩。得人心难。一个人能在背后被这么多人说好,真不容易!这应了一位伟人的话,你为人民做了好事,人民是不会忘记你的。芝晓,你在福建辛苦20年,值得!后来我才知道,他在福建日报工作期间经常到莆田蹲点调查,这固然是工作上的需要,也是"摇篮情结"的自然流露。他的出生之地在上海,而他的祖家在莆田涵江。我引这位念根的老同学为荣!

前不久,我到母校复旦办事,特地去拜访了黄芝晓。他

探雪

还是当年读书时的个子,似乎一点也未曾长高。要说长,也有,那就是,当年他是新闻系学生,现在是新闻学院院长,还有那荡漾在他脸上的笑容,也是当年所看不到的。也许是因为事业有成、家事如意,也许是因为回到"摇篮"里培育桃李、回报师长栽培之恩,心情特别舒畅。我真切地看到了他今日的风采,也感喟我们这拨人一路走来是多么不容易。

说到人生的"摇篮",芝晓补充道,其实除了家乡,还有教育我们的每个"站点",包括幼儿园、中小学和大学,都是我们的"摇篮"。是啊,我们都不是从石头缝里蹦出来的孙猴子,我们承接的爱,不单是来自父母、师长,还来自整个社会。正因为如此,大凡有良知之人,皆念根记情,都把奉献社会视作自己的天职,无不把努力多做好事当作自己的快乐。

想摇篮写摇篮,情思终于出落成了一棵大树,上面栖息着无数眷恋春光的鸟儿。望东方天际,烟霭如缯,在宇宙摇篮里长大的轰轰烈烈的骄子——太阳正红。

(原载2008年新民晚报)

看溪

乡恋

我将溪看作水流一族里的"中型户",豪者为江,弱者为沟,非豪非弱者为溪。此乃戏说,不必当真。但有一点是无疑的,即习惯上只有唤"大江",而无称"大溪"。溪者,山间淌出的水流也。除了高旱地区,一般地说,有山就有溪,山明水必秀,特别是江南。

称"小溪",自有几分亲昵。从晋代的陶渊明到唐代的李白、王维和韩愈,至宋朝的陆游、苏轼、朱熹和王安石,历史上诸多闻人贤达,笔下都有过溪水流淌。他们与小溪对话,或写出依恋,或写出离愁,或写出人间冷暖、世事变迁。无意之中我还发现,故乡的木兰溪,一如朗朗于中华大地的玉溪、金溪、竹溪、兰溪、松溪、白云溪,名字都很美。她们与山光辉映,美出了自然生态,美出了灵性况味,美出了怡然情趣。

在我眼里,山是溪的绝配,一坚一柔;溪是山的使者,一动一静。看那——山道上的挑夫,上上下下让有九弯通;溪

探雪

流上的小船,来来往往将文明互递。山,坐镇一方,溪,缔交四野,共同担起了孕育方圆左近生灵的重任。

不用说,我最熟悉的当然是家乡的木兰溪,尽管探究多年仍不知其芳名的由来。她从仙游县西苑乡出山,集大小溪涧360条,全长105公里,在莆阳大地的胸脯上曲折蛇行,至"三江口"入海。接生我的村庄,仅仅拥有她下游偏上的一段。我彳亍于这一水域的溪边,竟意外觅到了几茎"咸草",这种咸性海滩上的绿色遗存,不事声张地见证着沧海桑田。

单看木兰溪的这一截,就够养眼怡神的了。春天,"溪声犹带夜来雨,山色渐分云外霞"。农人扛犁从岸边走过,呢喃燕子低飞着掠过树梢。夏季,"轻橹欸乃逐笑语,薄雷声中果满枝"。去溪石上捶衣的少女挂着红肚兜,在溪中戏水的顽童,个个是赤身"白条"。秋日,"白沙留月色,绿竹助秋声"。撑竹筏的渔夫拿篙子拍打水面,溅起珠玉般的浪花,边挥篙边吆喝,赶那站在筏梢上的鸬鹚去潜水捕鱼。冬令,"几日不来风景异,芦花如雪压前溪"。一片片蔗林撑起了青纱帐,高挑的甘蔗每一节都是那么甜……小时的记忆,分明勾勒出一个"世外桃源"!报界资深林金松先生赞曰:"你的家乡是风水宝地哦!"

不错,确乎风水宝地。这里被人们誉为"文化绿洲",解放至今,几近每户人家都出了大学生,现在小村上有博士生多名,有的在重点大学"前沿"科研项目中,闯关夺隘挑大梁。正可谓钟灵毓秀,人才辈出。凿然,这里有着木兰溪的功劳。

然而毋须回避,木兰溪也有她的"过错",那就是发洪水,过去每年台风暴雨季节都会发那么几遭。但是,我却要说几句公道话,这是自然规律啊,如果把她当作朋友,就不许她有喜怒哀乐,来点脾气吗?年复一年,世世代代,毕竟得补的日子多多,受益的成分大呀。关键在于疏导,数载之前在木兰溪近海处拓建了"泄洪渠",这一来不就上了"平安保险"了么?事在人为,顺天因势而为者称英!

不妨以溪为镜照照我们人类自己。那么美丽的木兰溪,曾因上游工厂排污,水臭了,鱼死了,被糟蹋得龌龊不堪。联想起似乎被人鼎为警语的"水清无鱼",我摇头说"不"。正确的说法应该是"水至清则无鱼",这是千年之前东方朔的原话,传着传着就走样了。是的,水清得如蒸馏水,鱼一无可食,必然难以生存,但是,难道可以说水浊就有鱼吗?非也,非也,"把水搅浑"肯定不是好事!

人类想活得更好,让子孙也能"潇洒走一回",就不能怠慢了科学。污染源消弭后,木兰溪终于找回了青春。如今,站在家乡的溪岸上,看轻烟拂水,杂花含羞,听亲切的乡音穿林,学堂的清铃随风,心头似有莺歌燕舞。近年回乡,最高兴的就是水笑山迎。啊!四时多喜气,小村容貌新,惟有这潺潺溪声,千载流不去……

探雪

唐诗深处遇老乡

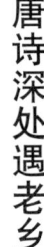

从龙年忙乎到马年,《新编今译唐诗三百首》总算结稿了。这是应"中华文化重大项目"做的一件事,江西景德镇的瓷艺大师将根据我选编的唐诗一对一精制三百把壶,正面书写唐诗,背面绘诗意画。

唐诗是一个灿烂的星空,借助汉字之魅力,铸就了不朽的群体传奇。有人做过盘点,收进《全唐诗》的唐代诗人就有两千五百多人,尚有两千三百多位诗人未入列,选录作品达四万二千八百余首。以前的"唐三百"作者均不逾百,一般都在八九十人,这个选本总共"录取"了一百七十八位诗人,对古典派、浪漫主义派、现实主义派的诗人一视同仁。题材更为宽泛,风格更加多样。讲求时代感与当下感,旨在拉近时空,观照现世。

在唐诗深处,我不经意间邂逅了胡令能、徐夤和黄滔三位莆田诗人。根据项目组委会规定的"题材不重复,内容有画面"等特殊要求和我自身的审美情趣,仅选录了胡令能和徐夤两人的诗作,只好对黄滔鞠个躬,说声抱歉!

诗者,或言志、或言道也。能引发读者共鸣,是对诗人的最大褒奖。历经千载还能让人共鸣的诗,必定是好诗。

小时候,我听到"补鼎补缸"的吆喝声,总喜欢出门围观,想不到胡令能曾经就是以这行营生的。盛世不拒卑微,一介底层手工匠能够步入《全唐诗》殿堂,可谓草窝里飞出金凤凰。他的《咏绣障》写得多好!"日暮堂前花蕊娇/争拈小笔上床描/绣成安向春园里/引得黄莺下柳条。"黄昏时分,堂前的花朵开得无比娇艳,这一美丽景致触动了几位乡间绣女,纷纷拿起彩笔把花朵绘在绷着布幅的绣架上。她们把绣成的屏风安置于春天的花园里,因为绣得极其逼真,竟逗引黄莺飞下柳条,欢叫着向绣障中的花间飞来。诗人不直言女红技艺如何高超,而是拿乱真的事实来映衬——你瞧,黄莺都上当了!这样,不但灵动了诗歌意象,而且平添了生活趣味。这首赞颂精美刺绣的诗,让我想起自己的母亲,并突发奇想:母亲年轻时为我绣肚兜和虎头鞋,为即将下南洋的邻居姐妹绣床沿屏条用的彩线,原来是从很早很早以前的绣女那边承接过来的呀!

《日月无情》是徐夤的哲思小诗:"日月无情也有情/朝升夕没照均平/虽催前代英雄死/还促后来贤圣生/三尺灵乌金借耀/一轮飞镜水饶清/凭谁筑断东溟路/龙影蟾光免运行。"诗人从自然和人事两方面对时间的"无情"与"有情"进行了形象的描摹。"无情"在于谁也不能让日月停止运行,朝升暮

探雪

落,夜出晨没,催逼前代英雄谢世;"有情"在于均平地照拂人间,促使后来的贤圣诞生。"凭谁"的设问,有力地强化了岁月不居的主旨,劝告人们应珍惜光阴。众所周知,中国首位具有宇宙意识的诗人非屈原莫属,而徐夤也将思考的触角伸向了浩渺无涯的宇宙。不能排除这是受到了屈原《天问》的影响,即彼时的莆田人就在耕读中接受了古楚文化精髓,用以指导人生。

胡令能的在世时间,基本上可圈定在唐贞元、元和年代,《全唐诗》录其诗四首。徐夤则活在晚唐五代,是一位学者型诗人,亦赋亦诗,著述颇丰,《全唐诗》收录245首。他们有两个共同点:首先,拿现在的话来讲,都属于"走基层"的,有丰富的民间体验;其次,盛年之后都有隐居的经历,且受到过禅学的影响,能静下心来修学。当然,徐夤毕竟曾经"进士及第",走过仕途,而胡令能则少了这些,所以徐夤过的日子相对比胡令能"滋润",眼界也比胡令能开阔。

我有点偏爱胡令能,他的诗格外"接地气",语言总是那么明白如话,构思始终是那么别致精巧。不妨再来品味一下他的《小儿垂钓》:"蓬头稚子学垂纶/侧坐莓苔草映身/路人借问遥招手/怕得鱼惊不应人。"一个蓬头稚面的小孩在河边垂放线钩学钓鱼,侧身坐于长着莓苔的湿地上,野草掩映着他的身影。就在他专注于水下动静时,听到有人问路,连忙远远地摆了摆手,生怕惊动了鱼儿而不敢回应过路人。传神之笔在于对"路人借问"这一情节的捕捉与处理。小儿"招招手",表明他怕惊散鱼儿,也说明他对问话并非无动于衷。至于招手之后,他向路人低语了什么,诗人没有再作交代,把想象空间留给了读者。唐诗中儿童题材很少见,这首诗情景交融,形神兼备,显得尤为可贵。

读到"怕得鱼惊不应人"之处,我有一种特别的亲切感,这"惊"和"应"用于一语,在现今莆田人的日常生活中不是还时有所闻吗?记得那年回乡探亲时,某邻舍门外人声鼎沸,有个男子带了一帮人前来"讨公道",主人却默然不露面,身边堂弟就对我说"他被惊得不敢应"。语言是代代相传的,包括其结构。似乎可以说,平民诗人胡令能的这个诗句,与中华文脉共永远,既属于当时的唐朝,也属于当今的莆田。

行文至此,联想到众羡所向的上海,由于成陆的历史短,在《全唐诗》里算上如今行政区划属于上海的松江(唐代称华亭县),也未出现一位诗人,而在初唐就被朝廷列为福建"望县"的莆田,凭我邂逅的诗人就有三位,不能不引为骄傲!如果还不止,请莆田文友增补,莫笑少小离家的我对家乡知之太过局限。

莆田梅花

梅花知时节,燃情不畏寒。似解凡间事,携故入夜阑。那天晚上,一个长梦使得我睡不安枕。梦中的主角,是被后代粉丝称为"梅花传奇"的宋代诗人刘克庄和曾经彼此推心置腹的莆田文友林金松。次日我就给金松的女儿黄鹂打去电话。"昨天夜里我也梦见了爸爸,奇怪。"她不无惊诧地问,"他都对你说了些什么?""你老爸说,家中突发意外,他含辛茹苦写就的《刘克庄传》书稿化为了灰烬……"通话在各据一半的愁怅中自然终止。

撰写《刘克庄传》是金松兄离开报社专刊部主任岗位、居家养病期间决心做的一桩事。2012年春节我前去探望,金松对我讲,刘克庄很了不起,是我们莆田历史上最为耀眼的一株梅花。他的双眸专注而有定力,我即时觉得,那分明是他当年上山下乡开山劈石时注视炮眼动静的目光。他随口低吟了刘克庄《落梅》中的两句诗:"飘如迁客来过岭,坠似骚人夫赴湘。"金松告诉我,自从看了我散文《落梅犹记刘克庄》后,便着手收集刘克庄的资料。总体构架坐实于胸,已经写好了50000字。我暗自忖度,其钟情刘克庄是否有惺惺惜惺惺的意味?八九不离十吧。望着他病怏怏的模样,劝他多多珍重的同时,我默默地祝福他心想事成。

他的认知与我不谋而合,盛年的刘克庄,其精神始终与傲霜斗雪的梅花为伍,的确是莆田历史上"最为耀眼的一株梅花"。在宋代著名诗人中,根植莆仙一带的,不完全计数就有七位,按出生年份排序,他们是蔡襄、方惟深、黄公度、陈均、王迈、刘克庄、陈文龙。身为"江湖派"诗人的刘克庄原先身份卑微,后来官至工部尚书(相当于今之建设部长)。如果他两耳不闻窗外事,一心只做他的官,独福独乐,何愁食不肥甘、衣不轻暖,完全可以过人上人的好日子。然而,他没有这样。他不惧邪恶,敢于寄寓梅花抒发心声。其《落梅》一诗高度概括了历史上无数"迁客""骚人"颠沛流离的不幸,为当时深受抑塞的广大文士鸣不平,被心怀叵测的谏官指控为"讪谤当国"而获罪遭贬,坐废乡野长达10年之久——这就是历史上轰动朝野的"落梅诗案"。因负案在身,虽再度出仕,多数时间被贬斥。刘克庄依旧执著修为,风檐展书,古道照颜,坚守远离浊流的可贵本真,爱国之心似放翁,高洁之志似稼轩,其人其品惟有梅花堪比。

告辞出门,我心中还在默默地为金松祝福。一路上往事萦绕,恍若眼前。那是2003年腊月的一个大冷天,我如约来到莆田城区西门巷乌石山清风岭上他的祖宅,与其结伴同游

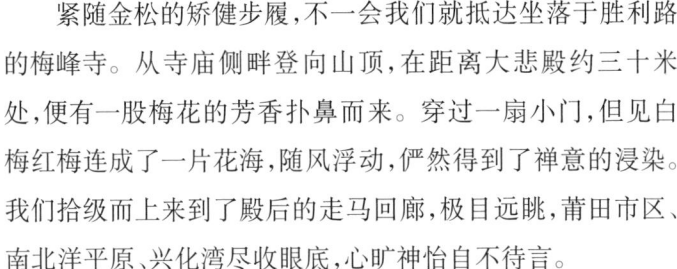

探雪

梅峰寺。

紧随金松的矫健步履,不一会我们就抵达坐落于胜利路的梅峰寺。从寺庙侧畔登向山顶,在距离大悲殿约三十米处,便有一股梅花的芳香扑鼻而来。穿过一扇小门,但见白梅红梅连成了一片花海,随风浮动,俨然得到了禅意的浸染。我们拾级而上来到了殿后的走马回廊,极目远眺,莆田市区、南北洋平原、兴化湾尽收眼底,心旷神怡自不待言。

金松难掩悦色,托出一喜:"梅峰寺已经被国务院选定为全国重点寺庙。"接着就"梅峰晨钟"被列入莆田二十四景之一,绘声绘色讲述了一则民间故事:钟挂上之后,老和尚就揣囊外出化缘,临行前叮嘱小和尚,一天后才能试钟。不想小和尚性急,过了半天就敲响了钟,老和尚只好驻足收步半路折回。老和尚闻钟之地便是现在的"钟前村",离梅峰寺只有二十五公里。要是小和尚听话,这口钟就能传声百里。行为见性,修道深浅就是不一样啊!……少顷话锋一转,金松联系自己说道:"多年来,公众媒体职业锻炼了我,养成了为大局敢担道义责任的自觉,对报社交办的事,从来没有怠慢过,谈不上什么奉献,做一天和尚撞一天钟呗。"身在外还不忘本职,让我为之顿生敬意。

是时他的神情,似乎比看到他老宅那棵三四百年的龙眼树被正式挂上保护名木的牌子还高兴——遗憾的是,那块牌子只在他的梦中闪现,直至有一年祖宅被夷为平地、古树被没商量地挪往别处也没有挂上。受伤害的不仅仅是古树名木,还有那呼叫无助、欲哭无泪颤巍巍的老母亲,更有"莆田九牧林"(包括林默即妈祖在内)嫡系宗族清风岭祖坟"轮年领祭"者、一介文人没处搁放的自尊心。他宁愿让心碎成梅花残瓣,也不向无视历史遗存的蛮狠之辈妥协。梅峰寺一游给我留下最深刻印象的,就是争奇斗艳的梅花,还有金松硬气若梅的秉性……

竖看历史,就说刘克庄生活的宋代至今吧,大小不等的悲情故事时有上演,可谓"涛声依旧"。静心沉思,也不足为怪,这是人性的消极面始终蛰伏于社会上下,伺机冒出头来,起了左右时局效应的结果。故此,治理地方乃至国家,一直掣肘于人性道德,不是容易的事。刘克庄安眠于江苏昆山亭林之隅,他若泉下有灵,不知会对如今自己的家乡莆田说些甚？是否会再来一首梅花？发达时人善于一分为二,开口多强调看主流基本面,对诗人刘克庄,这个要求可能有点高了。他落难后针对南宋"国脉微如缕"的情状,不辞晨昏创作的一百三十多首咏梅诗词,啼血洒梅枝,丹诚映日月,印证了他用灵魂汲取了实事求是的义理,也揭示了他不平则鸣的坚毅磊落襟怀。

梅峰寺的建造比刘克庄诞生早了百余年,想象中他登临过,不然其笔下梅花与那里的梅花怎么都那样风姿秀逸富有禅意。如今,山岗上的梅花芬芳依旧。而与梅骨梅心相通的,是莆田源远流长的文脉。在一年又一年仍被敲响的古寺晨钟的余音中,我高兴获悉,金松兄生前来不及写完的《刘克庄传》将由女儿黄鹏接笔续墨。多给她一些时间,这份期待也就多了一些兼具人文和艺术质感的韵味。

探雪

"落梅诗案"是上苍留给莆阳大地生生不息的狷介文人的一份惦记。莆田梅花绽放在历史和现实的高地上,摇曳在迎送春秋的风中。谁说刘克庄已然远去?他白髯飘飘,目光炯炯,正含笑于四野梅丛。

醉鱼草

乡恋

这是不期而遇。仲秋周末,我踏着夕阳余晖向附近公园走去,无意间发现路边阴湿处有一种野草,正依偎着努力绽放米粒状的粉红花儿,好面熟好亲切啊!我俯下身去仔细端详起来,不由勾起了苦涩而不无温馨的回忆。

对,正是它——苦料!我连忙打开手机给它拍了照,迫不及待地传给莆田文友梦奇,请他辨认是不是家乡土话所称的苦料。他一时吃不准,又将照片转给了乡下朋友鉴定,而后发来微信:"是苦料,您的记性真好!"

经一位名中医的子嗣考证,苦料的学名叫醉鱼草。这就对上了呀,小时候,我和玩伴正是为了鱼才跟它厮磨过、合作过……

当年,地少人多的家乡,一年到头基本上都吃地瓜,许多人家连地瓜也吃不饱。不知是哪位先人的发现,兴许也经过了神农尝百草般的选择,村民们认知,野生苦料具备特殊的药性,不

探雪

宜直接食用,但可用来"透"鱼,从而间接获得美味食物。

那时候还轮不上我当孩子王,充其量只是一个跟腿子,大主意都由村上比我年长的寿桂和元俄拿定。他们差我拔苦料,我如接军令冲在前面;他们叫我把苦料捣碎,我没有二话挥汗如雨。最后由他们搞"配方",在捣碎的苦料里加进适量的茶饼末,"透"鱼的材料就宣告制成。所谓"透"鱼,即以醇香的茶饼为诱饵,利用苦料的药性来麻醉鱼。这种办法无公害,所得之鱼却有益身体。大人们臂粗力大,可以去溪里撒网捕鱼,然而他们舍不得自享,都拿去卖了换钱贴补家用。而我们小不点只能是小打小闹,弄点塘里的鱼,聊解荤腥之馋。

我们选定了池塘,哼喔嗨哟地把装满碎苦料的桶子搬到岸边。先是抓起配料往水里投,紧接着挥动木棍使劲搅动,绕塘一周,如此这般让"药"均匀散开。不一会奇迹出现了:塘中的鱼真的"醉"了,一条条浮上水面,有长着小胡子的塘鲤鱼、扁塌塌的田鲫鱼、圆滚滚的黄鳝,甚至还有团团转的甲鱼……我们边捞边欢呼。这可是我们的盛大节日噢!

这次我额外"申请"到了三只甲鱼,我记住母亲的话,甲鱼生性清凉,祖母用得着。我乐不可支地把甲鱼拎回了家,催促母亲就着小"烘炉"用陶罐炖给祖母吃。隔天炖一只。老人家患上眼疾,常年靠采集沙滩上的"白毛草"熬汤调理。祖母哪里舍得吃,摸了摸我瘦削的脸说:"还是你吃吧,吃了好长身体。"母亲似乎听到我咽口水的声息,朝我眨眨眼,我心领神会,拉住祖母的手,把碗递了过去……几天下来,祖母的眼睛清亮了许多。受到成就感的鼓舞,我对她说,下回抓到甲鱼再炖给您吃。

022

还是稍长的寿桂有远见,懂得节制。他提出要保护好苦料,不能拔光铲尽,还要"封塘",今年捕过的池塘两年内不再动。于是,我们轮流在村里村外的几口池塘"透"鱼,每年都有收获……

在远离家乡千里之外,邂逅苦料这位"故人"的那一刻,有种难以名状的兴奋,念旧情愫中融合着缘分感喟。世间万物无不在自然法则中完成生命的修行过程,小草亦然。都说"天涯何处无芳草",看来这被诗化了的萋萋"芳草",涵盖了普天下所有的草,其中就有着这醉鱼草呢。

我把好友梦奇喻为"快进键",那么迅速就给醉鱼草——苦料验明了正身。这种摒弃敷衍的办事作风跟他多年的经历有关,是反复锤炼的结果。他从陆地到海洋,踏平波峰穿越浪谷,左满舵右满舵,全身心以赴,一点也含糊不得。"海人无家海里住",甘于海上丝绸路。海员的生活虽有其壮阔与豪迈,但那也是不畏艰险的"苦料"才能胜任的活计。

前两天,跟几位不忘回报家乡的企业家喝茶闲聊,他们说,苦料一听就懂,醉鱼草是书上的名堂,听来陌生。又说,阿沧您知道莆田农村往昔的底细,其实我们和您及您的朋友一样,都是"苦料"出身,赶上了好年头,靠拼搏和诚信,才在上海扎下了根。

是的,只要不忘初心,始终与理想结伴,把正确的取向请进生命,运筹勉勉,惟日孜孜,"苦料"也有春天!

探雪

微信在台风和记忆中穿行

世间事,平稳是相对的,不平稳是绝对的。风调雨顺往往是难得的理想境界。貌似平静的大自然,从来都不甘于寂寞,不肯放过参与撰写人类文明史的机会。可不是,这回它又以"莫兰蒂"的名义登台,进行了一番声势浩大的演出。

风恣肆,雨滂沱,铺天盖地,锐不可当。"厦之门"立于台湾海峡西岸,首当其冲,有人惊呼:"莫兰蒂台风比地震还厉害!"厦门遭到的巨大创伤和军民共赴危难的大义大勇,已有诸多媒体争先恐后予以报道,将其载入历史,就本文而言是题外话,无须记详。

与厦门相去一百七十多公里的莆田,不可避免地被笼罩于莫兰蒂的黑翼之下。莆田桂圆的核心产区、我的家乡华亭,也无法拒绝这个不速之客,经受了极为严峻的考验。好在今年的果实已经收获,要不然,又要出现20世纪80年代初我写的《桂圆情》文章里那种乡亲们奔走呼号,在飓风中抢摘龙眼的惊心动魄的情景。然而,莫兰蒂台风的高强度侵扰使得中秋佳节一下子成了"中秋加劫"。

有莆田当地文友,费时七步间,就把面临的无奈,摇成了会讲故事的风铃:"先前啊,中秋是份小小的快乐,发点小钱,放天小假。后来啊,中秋是份小小的自由,钱没了,假还在。现在呀,中秋是个美好的梦想,她在日历上,我在抗台风!"

身临漫天风雨,一位老师则向我袒露诗心:"人生是一道风景,春看桃,夏看柳,秋观菊,冬赏梅。有月是诗,无月是画,有阳光是灿烂,无阳光是浪漫。台风无情,中秋有爱。祝愿您和您的家人中秋快乐,永远幸福!"一席话语,给我文前提及的"人类文明史"加上了小小的注脚。所谓文明史,其实就是人类凭借精气神"苦中作乐"的历史。

可是,此时此刻我却怎么也乐不起来,有的只是沉甸甸的牵挂与揪心。风雨正在继续,不断有微信传来:

"木兰溪上游雨量太大,华亭街道再次被淹。"

"情况不妙,湖里全村几乎成了一个湖。"

"洪水像一头巨兽冲撞着溪岸大坝。"

"水位还在涨,就差一块砌石就将漫过桥面。"

"园头两座桥都封了。"

"村两委成员尽数在桥头值班。"

"村民们纷纷走上抗洪抢险第一线。"

"金林奋不顾身,是曾家的好男儿,电视台都播了。"

"兵哥哥也开拔赶来增援。"

"沙袋告急!"

探雪

"我从未见过这么严重的洪灾啊,祝愿平安!"

逐条翻检微信,从小视频画面看,华亭街角那棵被洪水浸泡至腰部的龙眼树,我认得它,也许它也记得我。华亭龙眼是举国最好的,加工后即为桂圆,千百年来滋补了芸芸众生。前不久,我才品尝过千里迢迢从家乡捎来的新鲜龙眼,那种特有的滋味令人深深陶醉,而今"产后"的龙眼树正承受着暴风雨的无情蹂躏⋯⋯

时间分分秒秒地流逝,无形而不苟,忠实刻录了我的绵绵思绪:万事有始终,带雨的台风亦然。人与自然角力过后,终于积小胜为大胜,并化险为夷。后续的微信,渐次降低了分贝,缓和了口气:

"现在,水位大约下落了两米。"

"新桥和旧桥不负众望,都没有出现问题。"

"洪水已经退去,心稍安。"

"众志成城天让步,总算逃过了眼前一劫。"

"继续关注,轮班休息。"

"大家都饿了吧,到我家喝点老酒,配地瓜叶炒米粉,还有焖芋头。"这是以厨艺闻名十里八乡的村干部建文从南桥堍发出的香喷喷的犒劳微信。

最后一条提醒我内侄的微信,更是温馨袭人,读来不由为之动容:"少敏,你家老屋的窗户也被打破了,抽空回来修一修。"内侄少敏就是当年我《桂圆情》中写到的5岁痛失父亲的幼儿,从小到大都得到乡亲们的呵护。

噫嘻!大灾来袭,乡亲们除了当心自家,还不忘关照他人,这就是同舟共济、守望相助,这就是血浓于水、邻里情深啊!正应了那位老师的一句话:"台风无情,中秋有爱。"

如果把台风形成过程理解为反复彩排,那么人类抵御台风,虽然接报后也做了准备,但是不可能在它张牙舞爪袭来之前彩排,只能是兵来将挡、水来土掩的即时"现场直播"。在莫兰蒂台风和我的记忆中穿行的微信,条条都是热血沸腾的呼唤,都是人们与其对决滴落的汗水,无不是真真切切的画外音。

我知道,每个台风的名字都是由发端地周边14个区域成员组成的"专业委员会"命名的,不是随随便便起的。以前有过莲花、玫瑰、珍珠等名字,女性化倾向相当明显,而这场莫兰蒂台风的名字不男不女的,威力却超强,大得教地颤抖,大得让人敬畏。正是因为它超级强大,才有了战胜之后近乎"三军过后尽开颜"那种释怀的穿越感。这,似乎又给文明史补缀了亮色灼然的一条:人类的文明史就是一部人类勇往直前、不屈不挠的史诗!……

不知道少敏去华亭看了老屋没有?被打破的窗户换上了玻璃没有?他应该明白老屋在我心中的分量。老屋和乡亲们的微信都在诉说,人与人能够走到一起是缘分,能够携手并肩走过一年又一年的台风季更是无价的美好。记住该记住的,且行且珍惜吧!

探雪

最忆是长辈

园头曾氏编修族谱,我被告知属于园头曾第十四代。十四代以上皆为吾之长辈。这篇小文旨在通过激活记忆,写出我接触过的曾家长辈的形象,不图文学色彩,只想尽量还原求真。

先做个声明。我未曾查看户口簿,对相当一部分长辈竟不知他们的标准名字,只好依据青少年时代所受耳濡,以"阿某"相称,这并不说明心存不敬。离开家乡之前,我也是这么称呼父母的,直到上大学受了上海文明的熏陶,假期回乡才改口叫爸妈。改变是难的,总觉得有点别扭,时间长了才慢慢习惯成自然。

对我接触过的曾家长辈,总的印象是:体魄强壮,崇尚文化,勤劳善良,豁达大度,一身多能,和睦互敬,守望相助。

阿桂生、阿秀子、阿聚生、阿信子、金表、文韬、武略、阿标、玉亦、玉明、玉成、文炳、国林、九旺、阿谦、元庭等人的质朴本真和勤俭持家,把深刻印象给予了我。阿桂生除了捕鱼、种田,还做米粉。阿秀子、阿聚生、阿谦除了捕鱼,还凿山"打石头"。阿信子、金表、玉亦、玉明以捕鱼为主。阿信子的水性好得惊人,潜入木兰溪深处(靠近后山一侧)石缝中抓鳗鱼,"决一亏"(憋一口气)可以长达3分钟——"拼命三郎"为的是生计。文韬、武略、阿标、文炳、国林则以做米粉为主。玉成、九旺和元庭好像主要从事农耕。他们都体力过人,这是生活磨砺出来的。据说,解放初年玉亦参加莆田县农民运动会,抓起铁球随便一掷就得了第一名,捕鱼撒网练就的好臂力啊!

接着说"武"。遇着雨天休闲,我家可热闹哩!这些强壮的男人会集中到我家的大堂里,卸下一块狭长的"门扇板",两头各一人,轮批来,或将门扇板抵于肚脐处,或将其紧紧握在手中,竭尽全力"堵来"(对顶),各不相让。旁人呐喊,热力四射。生活虽然艰辛,却不乏自酿之乐。

再说"文"的。每年春节都有一场"书法比赛"——写春联。参与者有阿桂生、文韬、武略等人。写好相互点评:这点太重,这竖向右移一些更好看,这撇短了些,这"裁刀"(指捺)放得还不够开……他们都只受过一两年的私塾教育,没有专门学过书法,压根儿不知道"中锋运笔"这个词,而实际上却做到了,所以正楷写得有模有样。此处必须提及曾坤(多才多艺,会修自行车,还会修理枪械),我没有临场观摩过他书写,只看到他贴出的门联,其字有力道多灵气,成为他仨比照的"字帖",可见曾家人多么的善于学习。

"文"的方面,容我说说我祖父、老爸和大叔吧。他们文化程度并不高,然而说起诸葛亮、孔子、曾子、唐太宗、薛仁

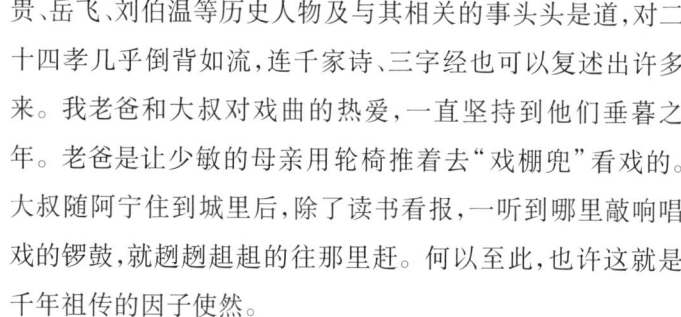

贵、岳飞、刘伯温等历史人物及与其相关的事头头是道,对二十四孝几乎倒背如流,连千家诗、三字经也可以复述出许多来。我老爸和大叔对戏曲的热爱,一直坚持到他们垂暮之年。老爸是让少敏的母亲用轮椅推着去"戏棚兜"看戏的。大叔随阿宁住到城里后,除了读书看报,一听到哪里敲响唱戏的锣鼓,就趔趔趄趄的往那里赶。何以至此,也许这就是千年祖传的因子使然。

继续说"文"的。东鲁流芳,曾家的"耕读"思想根深蒂固。"地瘠栽松柏,家贫子读书"。你看,在几乎食不果腹的情况下,培养了金藏、秋钦、秋容、文龙、文豹、文泉、金木、阿章、阿宁等那么多腹有文墨之士。这些"真人真品"后来都"实一途"(专一行),在各自岗位上为国家做出贡献。

曾家巾帼不让须眉。埔头、阿银治、阿春治、阿粉治、阿莲、阿兴、阿燕、三座厝、顶张厝、莺哥、凤姐、凤哥、阿秋、福治、淑琴等人都是"劳动模范"、理家好手。其中阿秋(下一辈还有阿英)的女红尤其是绣花,在村里是出了名的。母亲阿秋的绣花作品,如眠床顶沿和床口的绣屏,还屡次送给下南洋的好姐妹呢。母亲向后社裁缝阿汉学习,为我做了村里我这辈穿上的第一条白制西裤,在班上"局面"时,极大满足了我的自尊心。

这里,特别怀念阿秀子。我小时候,村里元宵祭社公,连续几年他都把我扛在脖子上去凑热闹,接礼品,记得"抢"到的有草鞋和大麻饼。当时他的儿子和玉尚未出世,他把对自己孩子的爱先给了我。他家有几棵又高又大的柚子树,别人不许动,他却主动递给我竹竿,说"看你本事,捅下来算你的!"那柚子满肚子的维生素 C,酸得我直咋舌。我考上大学,又是他撑渡船送我过木兰溪离家出远门。曾家爱孩子,无论走进哪家,都有热情招呼、温馨罩护。嘴馋的我对送上来的吃货,往往照收不误……

记忆中的玉成性格开朗。他养了一条大黄牛,每天早早下地与晨露为伴,驮着夕阳迟迟归来。不一会就端着一大碗番薯,坐到我家东侧路边的长长的石条上吃起来,跟大家有说有笑,以至于让人忽略了他的劳累。咱们曾家人就是这样,坚毅刚强,再苦再累不言愁。

乐于相助是曾家的优良传统。农忙季节抢收抢种你帮我,我帮你,遇到干旱相互让水,先满足别人,宁愿自己延后。噢,还有玉明,他懂得经络穴位,会一手针灸活,邻家有病痛,深更半夜一叫准到。咱们曾家就是这样,和睦相处,崇尚助人为乐。

记忆中的长辈还有顶厝阿荣、阿焕,下厝阿丁及其长女秀云。前三位德高望重,都是一家之舵手,或曰家庭年长的"指导员";秀云跟我弟媳云琴相仿,里里外外干起活来,不是男人胜似男人……

园头忆,最忆是长辈。匆促信手写来,排名不分先后。由于对本地话有点偏腔走调,表达不一定准确,请大家仔细"认领"。以上文字粗糙得很,不对之处望诸位宗亲包涵。我挚爱园头曾家长辈,感恩并思念着。

微信·摇篮·石榴

今年榴花绽放季节,在微信世界里增加了老家曾姓族亲的一个平台,信息丰富,思想活跃,热烈又多彩,诚如先贤诗句营造的意象:"烈日烧成一树彤,万花攒动火玲珑。"

族亲们畅谈做人感悟,倾吐治家之道,交流创业心得,其中不乏艰辛与欢乐。少的是被岁月滤去的恩怨,多的是相互守望的亲情。予我的感觉是:盛世陶冶人,一代胜一代!

堂妹曾雪梅潜心于道,现为莆田"国寿"保险总监,其微信亦灿烂:曾家子孙聪明肯吃苦,只要奋发精神,品德加激情,一定能够开辟事业的金光大道!

堂侄阿恒追思既往,其言由衷:微信平台拉近了彼此之间的距离,只要对大家有益的都可以发表、交流、借鉴。愿众族亲捐弃前嫌,团结互助,共荣家园。

堂侄女曾丽金在微信里提及我家的那棵石榴:"你(指我的侄子)奶奶(我母亲)慈祥善良。我经常去等石榴掉下

次子惊雷少时与石榴树合影

来……我还去你家帮你奶奶摇摇篮,只为了奶奶奖给我石榴吃,那美味至今回味无穷。现在我有时也去超市买几个石榴,想找回吃你家石榴的那种喜悦,可无论如何也尝不出那么好的味道。"

摇摇篮,得赏榴,童真童趣溢于言表。后来她在微信里对我说:"困苦年代却有着富足的感觉。"是呀,当年的孩子一日三餐有着落就算不错啦,哪有额外营养品,也没什么玩具,我就是在做泥坯、弹珠子、滚铁圈、跳绳、厮逐中度过童年的。物质方面虽然匮乏,孩子们却玩得欢天喜地,纵情忘归。今非昔比呀!

探

雪

　　村人邻舍都以为我家那棵石榴是我父亲栽的,其实是我上小学时从"后社子"山坡上挖掘移栽过来的。这石榴容易成活,对环境并无苛刻要求,待到我负笈离乡出去读大学,假期回家一看,其枝繁叶茂,树干粗壮平滑,已然出落成了大树。石榴五月开花,故此五月称作"榴月"。每每我回家度假,花期已过,所以竟不知它是红是黄还是白,而果实尚小,使得我无缘一尝它的滋味。母亲也舍不得吃,经常分送给邻居孩子,原来这里边就有摇摇篮的堂侄女丽金。

　　石榴在我们老家叫做"番子榴"。"番子"者,洋人也。据学者考证,它乃是西域之物,汉朝时经丝绸之路传至中原。我大胆推断,也许是通过南迁的中原人(客家人)带到闽域的。不想两千多年之后,我与中国促进世界范围内的物种大流通也沾上了边。

　　回到丽金说的摇篮上来,她描述的细节最让我牵情。

　　这木质的摇篮称得上"传家宝"。我侄子是从它温暖的怀抱中摇出来的,我和堂弟阿宁也不例外。摇的时候,可以是用手拉着框柱摇,也可以用脚踩动(摇篮下边两头各有一根横木,其两端有斜面),还可以用绳子拉着摇,祖母或母亲可以一边照顾孩子一边操持别的活计,做到两不误。有人说左右轻轻摇晃孩子舒服,容易睡着,笔者异想天开:"摇头晃脑"这个词是否也与摇篮脱不了干系。

　　那摇篮与门外的石榴树相去只有数步之遥。我想象着母亲手摇着摇篮,眼望着石榴树时的情景。她无心欣赏石榴果的美丽,心里想的不会是犹如石榴"千子如一"那样的"多子多福",她想的是缸里的米所剩无几、要去给地瓜苗浇水和孩子快快长大……母亲身后,不知这摇篮去了哪里,去摇了哪家的孩子。遥望着默默无语的青山,母亲呀,我想您!

啊!人类是在摇篮里长大的。从古至今,摇篮摇出了几多人?黔首白丁自在其列,帝王将相宁有另乎?一个人倘若能够记住摇篮,记住为你摇过摇篮的人,相信他的人品就不会差到哪里去。

如今,被摇篮摇大的我的侄子,虽然从业住进了城里,心依旧留在了家乡,留在了曾经生长过石榴的那块土地。他跟上时代创设了曾姓族亲微信平台。有了这个平台,融融亲情汩汩涌动,也让我的乡愁有了载体。

美哉微信,贵哉摇篮,念哉石榴!

日日有

探雪

多年之前，在镇江金山寺的一条坡道边沿，偶然见着这种花，问僧人此花叫甚，僧人合十说不识。近些年，上海街头小部分绿化地里也出现了这种花，问花工这是什么花，花工摇头语不详。

每当与此花邂逅，我便向人垂询学名。去年，在曹家渡花鸟市场看到这种花，店主人告诉我它叫"zi jing hua"（音）。如何写呢？慎重起见，问了几个店主。有的说，就是香港的区花"紫荆花"，我心里予以否定，彼花为木本，而此花分明是草本；有的说，就是紫禁城的"紫禁"二字，我亦未予认可，北方宫墙内不可能长期养此花。

众说纷纭，莫衷一是。曾经想起供职于上海植物园的通讯员邬志星，他应该知道的，但是研究花卉毕竟不是我的专业，就一直没有上门请教。于是，问号至今宕着。我脑子里记的是小时候祖父给它起的名字——日日有。

上世纪50年代中期,我还在念小学。一日,与同学结伴去溪对岸登山游玩,归途中在"下寺"歇脚,发现石阶旁长着许多花草,其中有一种花,细茎四逸,整型丰满,花朵单层5瓣,玲珑绿叶映衬着亮丽红花,煞是好看。我觅得一根竹片,小心翼翼地掘起一棵带回家中,找来一只浅口旧陶盆,取土栽上。问祖父这叫什么花,祖父沉思片刻,说"让我想想"。

我将花盆搁在路边向阳的溪石墩上。家乡气候温煦,这无名花努力地长,日见旺盛,不间歇地开放。路过的乡亲每每驻足,惊诧其鲜艳,赞语连声。有人再次问我祖父这是什么花,祖父笑着相告:"这花叫日日有,是我孙子栽的!"原来,祖父已经想定了花名。他的夸奖让我满心欢喜。

在这里补一笔似有必要:文前述及的镇江道侧、上海街头和花市所见,无不是在盛夏季节,印证了这种花对气候的个性化界定。

随着年岁递增,我慢慢悟出了"日日有"的寓意。祖父年轻时怀着希望下南洋打工,由于水土不服经常闹病,他母亲担心"独苗"发生意外,反复捎信催他归来。当时家道贫寒,吃了上顿愁下顿。怎么办?祖父一心想着斩掉穷根,遂带领全家开办了加工米粉的小作坊。这是一种苦力活,总是"从鸡叫做到鬼叫"。还得靠天帮忙,因为晾晒米粉有赖天晴,太阳越毒越好。那个年代,地瓜是每家每户的主粮,大米罕见,做米粉的原料常常短缺,维持生计难啊!不断开花的日日有,蕴涵着祖父的心愿——盼望每日都能有点收获,摆脱困境。

探雪

　　祖父质朴善良,一生勤勉,为全家老小操碎了心。他翻身不忘本,知恩图报,一解放就支持小儿子参军,并把希望寄托在其身上。有一天,小儿子来信说在外面物色到对象,还随信附了一张那位女孩演出时的剧照。祖父的脑筋仍然停泊在旧意识的"枫桥边",看了照片马上指定我回信:"那是唱戏的,靠不住,绝对不能要!"小儿子听而从之。始料未及,多年后的"文革"期间,儿子因妻舅被冤为"反革命"而受连累遭遇不公,调离某军事基地领导岗位,"转业"去了他方。提起往事,祖父难免黯然神伤,认为是"当初主意太大"导致的结果。祖父只会从自身找原因,要他透彻认识个人命运与国家命运休戚相关,在那时是不实际的。

　　1968年仲夏,老家拍来电报:"祖父病危,速回!"那年我在浙江省军区"接受再教育"。获悉后连夜动身,在杭州买了一拎包祖父最爱吃的云片糕,心急火燎往家乡莆田赶。在县城汽车站遇到一位远房婶娘,不幸被告知:"你的祖父已经走了。他没等到你,眼睛迟迟不肯闭上。"晴天霹雳令我立刻潸然泪下。祖父曾对我说"看着日日有就像看到你",而今日日有依旧默默绽放,祖父却不在了。我沉重地迈进祖父生前时常枯坐的门坎,泣不成声,手中的云片糕散落一地。

　　孙辈里祖父尤其疼爱我这个大孙子。小学5年您让我同寝一床,说我身体暖和得"像火笼"。高中的最后一次家长会(1962年),您徒步几十里赶去学校,听班主任说我升学"很有希望",您难得那么高兴,回家后叫我母亲炒了一盘米粉,自己舍不得多吃,却不停地夹给我。您边喝地瓜酒边对我表扬鼓励……此情此景,今天依然摇曳在我的思念里。祖父,一个中国农民,您就是为希望而活的呀!

希望之火相传,路未央,生生不息。人世间,真正沁心的莫过于同一片屋檐下的关爱,真正持久的莫过于殷殷血脉之情。这种情如同涌动的波澜,其涛声永远依旧。我不必再另行打听此花学名,祖父取的名字最为响亮,最为美丽。日日有,牵情的花,托梦的花!

探雪

我替母亲回娘家

"开门红,开门红。"医生缝好我母亲头上的伤口,故意调节一下紧张气氛,"不幸中的大幸,如果击中正后脑勺,那就不妙啦。"

大年初一,村里的爆竹声此起彼伏,孰料家中会发生这样的事,母亲从水泥楼梯上摔下来,当即昏迷,脑侧一摊血,在场的人一时不知所措。从小由她领大的我的侄儿,吓得哭出声来。我回过神,马上向医院呼救。好在院长谢向阳帮忙,派医生带着急救器械火速赶到。我和侄儿护着她老人家,心一直悬着啊!

母亲醒来后不久就对我说:我要回娘家看看。昏眼微睁,声音低沉。唉,九秩在望的人啦,还能有多少生命能量可以调度呢。同样的话,后来她又说了数遍。我理解母亲,尽管她从小被送来曾家当童养媳,然而她深知那是生身父母的无奈,并非不爱怜她。母亲还知道,娘家人的生活比我们拮据,所以她自己省吃俭用,时常托人带些钱、物去接济。由于体力不足以支撑她远行,母亲不能再回娘家了,心里始终牵挂着。

第三天,母亲吊过针后,情绪稳定。我俯下身就着床头对她说,妈,今天我替你走娘家,回来后将情况告诉你……母亲轻轻地点了点头,没有说话,眼里渗出了泪水。

母亲娘家远在30里地之外的农村,我外婆早已故世,舅舅、舅妈也作古多年,我一直在外,很久不曾去过,农村变化大,凭我童年记忆恐怕难以找到。还是侄儿唤邻村的侄女婿过来,他结婚那年去我母亲娘家发过帖子,还记得大体方向,由他带路。侄女婿用摩托车驮上我,他边骑边说,发帖子时,我没有上门等在村口,是阿敏(我侄女)进村去找的。我说,只要找着村庄,就一定能打听到。我有点印象,在溪边……

寻寻觅觅,先后问了七八个村民,终于在溪岸边找到了母亲娘家。昔日的平房旧屋不见了,取而代之的是尚未竣工的新砖房,内部还未粉刷,人却已住进来了。舅舅的儿子说,我们无钱"铺路",不可能拿到理想的宅基地,只能原地翻造。生怕洪水暴发时遭淹,全家老少齐出动,挑土填石,磨破了肩膀,硬是将屋基提升了一层楼的高度!舅舅的儿子和儿媳却已知足,他们指着散养于溪滩的几只黑羊让我看,说是能值几百元钱。

岁月如流,往事历历。那时我还小,随母亲到外婆家过年,家中没什么可玩耍的,有一天调皮的我操起竹竿拼命撵起鸡群,受惊的鸡飞上了平房屋檐,其中一只母鸡飞劲时竟

探雪

从空中掉下一颗蛋来,那真叫"鸡飞蛋打"。外婆见状,急得连声高喊住手。母亲一把夺过我手中的竹竿,正欲教训我,被外婆紧紧拽住了。翌日,外婆卖掉了一些鸡蛋,买回猪耳朵做菜,她知道宝贝外孙最爱吃那脆脆的东西。母亲不失时机地哄我,吃了猪耳朵就得听话……外婆,母亲想娘家,我想您呀!在追寻童年的时刻,我眼前到处都是您的影子。

母亲的娘家人边叹息边说,平常姑妈都很小心,走得好好的,这回怎么……我说,她的卧室在楼下,前天是上来招呼我的客人的。我太大意了,没有搀扶她下楼梯,我非常非常内疚。他们给了我一番安慰,还说,明天一早就过来看望我的母亲。

回到家中,我将所见所闻一一向母亲作了禀报,基本如实,为了使她高兴,才做了一点乐观的渲染。我看到,老人家的嘴角掠过一丝笑意。娘家,亲娘之家啊,难怪母亲对它的爱那么刻骨铭心。凡人我说不出,人世间有哪一种情感,比母爱和对母亲的爱更崇高。

节后离乡,我远念母亲。如果今天还在家里吊针,一定要看好,瓶子里的药水要留下些许,不能让它全部滴尽……

(原载 2005 年新民晚报,《美文》转载)

山远犹见树摇风

乡恋

　　双胞胎亦分大小，先出为大。是故，我的父亲便有了同胞大弟。去年大弟故世时，父亲说大弟先走，我过一年走。一年零4天之后，父亲也走了，似乎是冥冥之中接到了大限的暗示。

　　不祥的预感催促我电购了1月17日的机票。飞机着陆后，见滑速已缓我便打开手机，马上有侄子短信进来："莫耽搁，速归！"我边跑出机场边看手表，11时30分，拉上一辆的士就往家乡赶。到了家门口，惊悉，我出机场的当儿，正是父亲西去时分。

　　我的妹妹说，父亲弥留之际，睁开眼睛，向床的两侧艰难地转了几回头，那是在找你呀。爸爸，真的太对不起啦，让您空等了。牵您的手，亲您的额，都已然冰凉。

　　家人们安慰我，他们说我常年寄钱赡养，又安排亲人与护工照料，近数月还两次回去看望，老人家已经知足了。他

探雪

们也理解我,今年以来我在为与上海世博会有关的部门做点事,盛会日近,不时有文案方面的盼咐,不敢旷日擅离。然而,我还是深深内疚。父亲啊,摇您您不省,唤您您不应,徒留我一腔伤悲。为您守灵的夜晚,望着垂泪的蜡烛忆及小时候您对我的告诫:地瘠栽松柏,家贫子读书,穷苦农家舍得孩子远行,走向社会,只要不忘本。我想,父亲您一定会原谅远行的我。

对解放前父辈的困境,我略晓一二。那年头,腐败不堪的反动"伪政府"乱抓壮丁,每年都"轮"到我家,为了保护您尚未成年的两个小弟,您或首当其冲,或拿出省吃俭用的钱粮去排解。作为长子,您践行了名中的"文韬"二字,和您的大弟武略一起,竭力捭阖,呕心沥血护起了这个家。解放后,日子一天比一天好起来,孰料祸从天降,吾弟三十而逝,留下稚女幼子,您不得不开始了常人无法承受的"公牵孙"的又一茬辛劳⋯⋯

乡亲们告诉我,父亲是一个豁达大度、最能吃苦的人。当年分"自留果"的时候,您让生产队里的亲人们先挑,自己拿下了山腰风口上的果树,为了抵挡台风,贪早摸黑挑石垒墙,筑起了一道"长城"。您的妹妹家里造房缺钱,您抓紧卖掉了还不足月的猪崽,风风火火赶了五十多里山路,把钱送了去。

在我的心目中,父亲是一座山,一座情义之山,一座再苦再累也扛得住的山。父亲卧床不起后,我才从邻居那里得知,父亲给龙眼"剪花"的时候曾经从树上摔下来,这也许就是潜疾之外,您逐渐脚力不支,以至于下半身瘫痪的硬挫性原因。父亲不叹苦,仍然抱病持家。我的弟媳和侄子陪您去当地看医生,后来我又请了上海名医给您治病,都难有收效。父亲在轮椅和病榻上坚持了8年,给您买了医用床,您不肯用,总是说"还不到那个时候"。我知道,您的坚持是要看我弟弟的两个孩子成家立业,这个您总算是看到了,没有遗憾。

父母亲在世的时候,生死路上一直为子孙挡着风雨,"文革"后期他们为我蒙遭厄运而抗争,让我特别有这种感受。近些年来,每每回家探亲我总是恭敬地聆听教诲,且始终不敢说自己老。如今双亲都不在了,我翻然意识到自己"上了第一线",也真正明白了父母之爱的无比崇高。

父亲走了,带走了附丽于身的90载沧桑。山已远,犹见树摇风。那是您留给子孙的精神彩旌,永远劲拂在我们心中。

探雪

命运的交集

那年在福州凤凰池福建省作协所在地郭风先生府上,郭老用莆田话问我:"你家在莆田华亭为什么跑去仙游读书呢?"我不假思索,也以莆田话回答郭老:"我姑妈一厝人都在仙游,她要我去仙游读书,对我照顾方便。"

由于置身同一个生态环境,更何况本是同根生,个体的命运才有了交集相切的可能。我在仙游连读了初高中六年,方方面面始终得到姑妈的照顾,那是一种由里而外的悉心无私的照拂。

我父亲弟兄四个,就她一个"老五"妹妹。血缘与辈分决定了她是我姑妈,其实她只比我大十岁左右,一直陪伴着我成长。但是她从小就介入了里里外外力所能及的活计,过早地把酸甜苦辣揽入怀中。小时候我家是一个四代同堂的大家庭,同辈里我最大,得到长辈的恩泽也最多。

当年我们家除了农耕还从事祖传的米粉加工。那是看天吃饭的行当,从手工磨米浆到一片片摊成形再到拿出去晒干,每天"从鸡叫做到鬼叫"。遇到天气阴晴不定,用头顶着叠起来的竹屏搬进搬出,简直把胭须都压得缩进肩胛窝里。做出来的米粉大人舍不得吃,只有上小学的我体育课后放学回家叔婶见我饿慌的样子,才吩咐姑妈倒点沸水泡一碗米粉让我填饥。姑妈站在一旁目不转睛地看着我狼吞虎咽,我竟然无动于衷,可谓双料的少不更事!

长大后母亲不止一回对我讲,我是村里排得上号的"夜啼郎"。更深人静,凸显了压榨米粉的动静,每每把我闹醒,我这就不依不饶地哭个没边没际。姑妈抱我哄我,从床头到床尾不停地来回踱步,为侄无眠,不得安生……

来到仙游县城读书后,姑妈一如既往地为我操心。当时姑妈、姑丈也生活在一个大家庭里,他们以机械、电器维修为生,有小车床等设备,技艺精湛,是仙游发电厂初期的"编外保障基地"。他们在东门兜石碑坊附近立店,我就读的学校坐落于西门兜,相去甚远。那年头家国两难,姑妈当心长身体的我饿着,要我每星期上她家"改善生活"。如果一星期不见,她就要来学校找我,在温和的责备中问明缘由。姑妈说她的公公和堂兄婶人人都欢迎我,叫我不要有什么顾虑。临了还加重了语气:"你来呀,大家有什么吃什么,不差你一双箸的!"姑妈见我衣服脏了,把备好的用姑丈的"劳动布"工作服改小的裤子递给我,边让我换上边拍打着我的肩膀,浅笑着说:"还行,凑合着穿吧!"教我初中语文的何章启老师也住在东门,姑妈经常向他询问我在校表现和学习情况。她实际上代行了我父

探

雪

母的职能,同时也淡化了一个青涩少年的乡愁。

  我从小就明白,家乡人多地少偏僻落后,孩子的出路有三:一读书,二参军,三学手艺。我遵循家训选择了读书,从此认定"华山一条路"。今天我可以无愧地说一句,那六年我是用功的,没有虚度。我考上复旦即将负笈远行,姑妈来娘家跟我告别。她一手拉着我父亲一手牵着我,热泪盈眶。那是一种释然,一种欣慰。姑妈,多亏有了您!

  人生讲缘分,小村故事多。记忆难忘,连缀了时光,趣味了章回。"男大当婚,女大当嫁。"两个"当"字推演了人伦之常,夹裹着人类的传承定力。该露一露名字了,默默无闻的姑妈也有一个芳名:曾金兰。家乡解放后,姑妈去了村夜校扫盲班学习,还参加村文艺宣传队,同村的龚玉坤相中积极要求进步、模样姣好的她,便让其堂侄龚淑文捎信或传话,我就成了"地下交通员"。当时淑文读小学高班,我在低班。经我祖父母首肯,他们终成眷属。

  姑妈觉得这个大家庭好,许多年之后又把曾家靓妹子曾美金"介绍"给了丈夫的堂侄龚淑文。这么说吧,捅破一层窗户纸,淑文和美金从小学到中学都是同学,两人早有灵犀默契,我的姑妈只是拉结红绳,在"办鼎"(乡俗,送上象征性的银彩敲定关系)过程中起了不是媒人的媒人作用。姑妈分明是女中君子,一心成人之美!曾家两"金"加上龚家一"玉"、一"淑",世间之吉祥集聚在同一个屋檐下。于是,我姑妈便顺理成章成了美金的妯娌,两人在大家庭里相融如鱼水。一锅饭氤氲着举家共同的欢乐……

姑妈、姑丈养下三男一女。为长远计,他们决定在仙游城关择地造房。记得当时他们短缺资金,我父亲把还未满生长期的猪崽提早出栏,揣上钱从华亭步行到仙游,连忙给妹妹送去。何谓手足兄妹情?这就是呀!房子落成,至此姑妈、姑丈拥有了独立的安身立命之地。后来,我的姑妈、姑丈和堂兄、堂侄女都进了县二轻局属下的仙游农械修造厂工作。分家不分心,依然是一个命运共同体,两家人顺延着多年同甘共苦结下的那份亲密。淑文和美金的三个孩子平时都亲热地唤我姑妈"婶妈"。

有一年姑妈"做十",老二旗煌从北京携上爱妻回仙游祝贺,足见一脉情深。是的,龚旗煌很念情、很讲礼数,他评上院士的那年,一位莆田记者到北京采访时提及我,旗煌高兴地接上话茬:"对对对,阿沧跟我同村,在上海时间很长了,是记者和作家,我母亲面上的亲人。"旗煌现为北京大学副校长。一个人的成长轨迹映现了日常熏陶的重要至关,只有延续了和睦、重教好家风的家庭,才培养得出像龚旗煌这般优秀的国家栋梁之才。而姑妈在我成长的路上倾注了爱心,在子女身上也尽了妇道之所能。有什么比这更崇高、更值得敬重!

人生白头偕老难求,不如意却常有。姑丈不幸于1989年去世,把一家的生活重担撂给了时年五十多岁的姑妈,其落寞与艰辛可想而知。我父亲风烛残年之际,曾多次叮嘱我:"沧啊,我只有这么一个妹妹,你能力够得上的话,不要忘了帮助她……"每当念及,愧疚油然。好在其子女已经长大成人,且各事其业,更重要的是懂得体恤、孝顺母亲。姑妈,您

探雪

祖父（左）和姑妈（右）

至今仍守着仙游的房子不离不弃，我能理解，那是和姑丈天各一方的默默守望，对曾经相依为命的那份情愫的厮守。

郭风老人的问话犹在耳边回响，身边和眼前的变化教人唏嘘不已。向天再借五百年只不过是浪漫的呼唤，从头再来也不会有，惟有记忆刻骨铭心挥之不去。姑妈，您亲力亲为，参与编织了我生命的经纬，不图回报，让我常常心怀不安。我偶尔回一趟家乡，除了去仙游看望您，或请您回娘家小聚，没有勉力相携、为您做过像样的事儿。当初的"夜啼郎"未能为您挡点风遮点雨，只是远远地望着您伫立在风中……

路遥梦阔军旅情

乡恋

因为牢记为人民的宗旨,秋毫无犯,才铸就了正义之师;因为披荆斩棘,正气浩然,才无愧于威武之师的称号——伟大的中国人民解放军,踏踏实实又轰轰烈烈地走过了光荣的90年。

日前的"朱日和"沙场演兵气贯长虹,令人热血沸腾。一股兴奋劲找不到休止符,八月一日大清早,"上海莆仙人"微信平台就群情振奋,纷纷道贺军节,当过兵的乡亲更是喜上眉梢,骋目望边陲,手到彩信飞。大伙儿:忆往昔,八千里路云和月;问初心,满腔家国肝与胆。

触景生情,往事历历,且容细表说从头。我打小就一心想当兵,光阴匆忽鬓染霜,却始终未能遂愿。

那是读中学的时候,恰青春年少,意气风发。空军学校来招生飞行学员,老师推荐了我,体检后被告知"身高不够",今生的第一回挫折使得我黯然神伤。待心情平复,我便择定

探雪

了方向:既然失意于"武",那就攻"文"吧。想不到,根蒂去除难,"春风吹又生",大学毕业,班上有几个去"革命大熔炉"的名额,我又争先恐后报了名,而且还咬破中指写了血书,决心不可谓不大。结果还是没能去成,原因是"有海外关系"(我妹夫家有许多人在南洋)。妹夫"文革"前就应征入伍,轮到我就不行了,是时"文革"未央,形而上学盛行,特别讲究家庭出身和所谓的海外关系,一刀切焉问青红皂白?其实,我妹夫家的南洋人很爱国,曾积极捐款支持抗日和新中国建设。夙愿未酬,这是我的第二次挫折。后来,只好穿着妹夫送给我的军装,乖乖地去军垦农场"战天斗地炼红心",过起了"准军人"生活,权且解了一点兵瘾。在部队"接受再教育"的两年时间里,我以一个兵严格要求自己,无论骄阳似火,抑或天寒地冻,不畏艰难困苦,凡事冲锋在前,脚趾上至今还留下挖沟铲泥不慎弄出的伤疤。连长和指导员心疼我,选中我,"提拔"我当了文书,连队的大小报告都让我来写,有时营部的文案也借用我这枝拙笔……

为什么本人对部队如此痴情?树有根,水有源。这和我家四叔对我的熏染分不开。家乡解放那年,四叔就从仙游师范投笔从戎,成了新中国"南京军政干部学校"首批学员。毕业后分赴海军部队,南征北战,经受了长江、东海、南海浪涛风雨的洗礼。渤海湾某重要海军基地第一任主任便是我的四叔。记得有年冬天他从海南岛寄回照片,海魂衫英气袭人,南国的暖流驱走了全家心中的寒意。当时我还在小学接受启蒙,但是比长辈多识了半箩筐字,自然而然成为祖父的

"代言人",给四叔的信都让我执笔。解放早期那些年,我家可红咧,门外侧墙上挂着一块"军属光荣"的牌子,逢年过节村里总是敲锣打鼓上门送"光荣灯",放鞭炮,看把我们全家乐得!这一切,在我幼小的心灵播撒了"男儿国是家,仗剑走天下"、"好男儿就要去当兵"的种子,于是才有了前面那些关乎我不屈不挠想参军的故事……

写到这里,耳边不由响起新旧社会老百姓对军人迥然不同的称呼:一个是"兵痞子";一个是"兵哥哥"。前者是社会黑暗的必然,后者则是社会光明的折射。有理由这么说,兵的状况是时代的晴雨表、风向标!小时候从长辈那里得知,旧社会是不大讲究兵员素质的,壮丁抓到一个是一个,进了兵营又疏于管理,纪律松懈,难怪兵痞丛生。由中国共产党第一代领导人毛泽东缔造的中国人民解放军,军纪严明,强调了"人民"的属性,为人民求解放,为人民谋幸福,是人民的子弟兵!这么多年过去了,老百姓还在念叨的是毛泽东心中装着人民,"人民共和国"、"人民解放军"、"人民英雄纪念碑"……把党中央从西柏坡迁进北京城喻为"进京赶考",殷切寄语不能学李自成忘乎所以,而必须为人民交出满意答卷的是当年党中央一把手毛泽东;古今中外,登上类似天安门城楼那样的政权象征建筑,振臂高呼"人民万岁"的国家元首只有毛泽东!他的伟大注定了军队的伟大。旧社会"兵痞子"在民间为非作歹的事比比皆是,新社会"兵哥哥"抢掠老百姓的事闻所未闻,有的是抢险救灾共赴国难,有的是抵御外侮披肝沥胆。所以,我对军旅的向往,归根结底是对神圣与崇高的向往。

阴山绵绵,红旗猎猎。"朱日和"演兵,可以亮相的现代高科技新式武器悉数登场,扬国威壮军魂,惊天地泣鬼神。通过阅兵后的跟踪探究,才终于明了"朱日和"乃是蒙古语,意为"心脏"。"朱日和"系我人民解放军最先进的军事训练基地,由沙漠、草原、山地、沟壑各式地形组成,具有独特的排兵布阵优势,亚洲最大,可与美国的"国家训练中心"相匹敌。"心脏"血色充沛,搏动有声,印证了正义威武之师所向披靡的战斗力和当今领路人治国强军的大智慧,这是国脉所系,是中华民族腾飞、复兴的希望寄托!

90年铸军魂,90年慨而慷。谨以此袒露自己心路历程的短文,表示对所有在役和退役军人的由衷敬意!路遥梦阔岁月深,风颠浪淘志犹韧。向往军旅情未了,爱军拥军不后人。

清明无雨人纷纷

乡恋

清明也叫"三月节"。对其已然形成风俗的主要内容祭祀活动的了解,大可不必去穷究遥远的故事,只要体味眼前的现实版情状,便可以界定清明的本质是人文人性的:有了思念、感恩和继往开来的意表,才有这个经久不衰的文化现象。

今年清明期间家乡无雨,故而出门祭扫的人格外多,村里能上山的几乎都上了山,男女老少络绎不绝。由于山路窄小,不得不注意相互避让。各家墓地散布于山间,许多通往墓地的路平时人迹罕至,野草齐腰,穿行其间可谓披荆斩棘。然而,上坟的人们乐此不疲,心中充盈祭祖祭亲之情。

这次回乡扫墓,兴奋自上海开始。我乘上了从上海直抵家乡的火车,当买到"上海虹桥→莆田"的车票时,已是激动难抑,几十年的期盼终于实现了!自到上海念大学至此前,火车速度慢,要走近三十个小时,而且只通到省会福州,出了

探雪

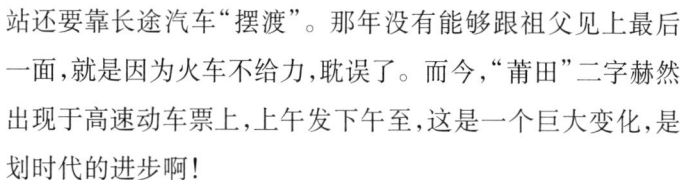

站还要靠长途汽车"摆渡"。那年没有能够跟祖父见上最后一面,就是因为火车不给力,耽误了。而今,"莆田"二字赫然出现于高速动车票上,上午发下午至,这是一个巨大变化,是划时代的进步啊!

到了家乡,又有惊喜。南溪滩的上下游都修筑了堤坝,围出千把亩地作为现代农业园区,齐崭崭搭起了塑膜棚,供无土栽培蔬菜之用。素来文化发达、经济相对落后的岛村被定为"全国第一批农村规划示范村"、"莆田市幸福家园"试点村。祖宗若有知,一定会含笑于九泉,为时下今人祝福。

不少外出创业有成者都驾车归来扫墓,没有忘却自己的"根"。他们沿着新修的平坦水泥路,把车子开到了山麓,再徒步登山,不无悠然。有一位在京广两地做大生意的,出身于寅吃卯粮的贫困家庭,洋洋洒洒写好了《祭祖辞》,准备在祭扫时诵读,其心之诚,其神之朗,令人刮目相看,并想起时势造英雄的话来。

4月4日,我和亲人先祭扫了祖父祖母的墓,次日再祭父母。走过了一段极为艰难的路,我和侄辈及他们的孩子来到了我父母亲的墓地,眼前不禁浮现出当年的一幕,老父亲拄着拐杖,三步一停,上气难接下气,劝其留下,他说"这可能是我最后一次祭父母了,既然已经到了山腰,爬也要爬上去……"这是怎样的坚强与执著,怎样深沉的血脉情结!如今父亲不在了,而那拐杖敲击石头地面的声音仍余响不绝,永驻于子孙心中。

每年的春天不约而至,细问炊烟,轻叩柴门,催杏花,唤醒离离草——清明文化的依傍正是这种自然规律,轮回有序,生生不息。

摆好供品,我率大家跪拜叩头。礼仪毕,我正欲下山,外甥女说"要文明扫墓",提醒必须把拉在墓埕上的东西收拾干净。年轻人的环保意识,无疑是祖国未来的福祉,我连声赞许的同时,迅速动手捡起地上的塑料袋和纸屑。

咱们家乡特别看重清明扫墓,以此作为进行家史、族史教育的一个契机,激发"孝为立身之本,始于奉亲,终于报国"的热情。上坟时还有个习惯,即点放一串小鞭炮,此举也许是在告诉安息地下的逝者:我们来看您啦!我想,鞭炮的诞生是发明火药之后的再创造,它走进了日常生活,多用来表达吉庆,张扬欢乐,然而在这个特殊的节日里,它的意义也随着人们的心愿延伸了。

清明无雨人纷纷,双烛垂泪寄衷情。日过中天,还有祭扫的人成群结队上山。耳畔不时响起噼噼啪啪的鞭炮声,更有鹧鸪的啼唤从远处林间传来,其声调殷勤而凄婉,千古不变。

探雪

莆田话的矜持与骄傲

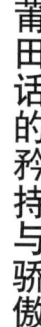

　　时间倒推几日。中学同窗永疆借助微信发来一组莆田民间儿歌,让我如获至宝。我搁下正在整理的文案,把这些行将失传的儿歌连读了数遍。随录三首如下:大眼睛,菱角嘴,生歹歹,卖贵贵;道一糕,道一饼,我分桃,你分饼,桃红红,饼生虫;一支竹担浮啊浮,阿公叫我去牵牛,牛仔牛蛋我八牵,阿公叫我去种蛏,蛏仔蛏蛋我八种,阿公讲我大示众。一支竹担崭啊崭,阿公叫我去包赞,赞仔赞蛋我八包,阿公讲我大草包。("道":拍。"八":不会。"赞":粽子。)生活场景重现,眼前仿佛卜起了由童真童趣的语言演变而来的荔花雨,密丝裹着思绪,飘飘洒洒,漫野连天。
　　那也是一件关乎语言的事儿,蛮有趣的。有趣是一个价值参数,正因为其有趣,才赢得了存在的时间跨度。从前,有位华侨从吕宋岛带回莆田一公一母两只鸡,初来乍到,莆田鸡有点欺生,做出一些不甚友好的动作,但只过了一天,它们便开始有说有笑,亲如家人。莆田鸡公特别大方,"咯咯咯"地叫着,把从泥土里翻捡到的东西推让给吕宋鸡吃。"喔喔喔——",村人听着两地鸡公一个腔调的啼鸣声,惊诧于上苍造物,笑曰:"尽管远隔千山万水,全世界的鸡语言是相通的。"是否完全相通只有鸡们自己晓得,大概八九不离十吧。

反观人类语言,那可就不一样了。不要说不同国家,即使同一国度,往往山这边山那边,或者隔开一溪水,用语就大相径庭,甚至互不相通。也许是因为高等灵长动物了的缘故,他们来路不一,各有记忆,各有传承衍生功能,使得语言之圃百花盛开。心田成思,吾言即语。肇端各异的乡音,无疑是一方水土的特色产出,一个地域的符号芯片。

回忆当年负笈求学,融入上海得先过语言关。上海同学说福建人像"鸟叫",我说你们上海人像"啦啦队"(指"阿拉"之说)。思想上不无抵触,于是反唇相讥。班级里上海同学过半,他们习惯于说上海话;老师也多为上海人,用上海话授课(现在复旦教师课堂上都讲普通话)。交流不便,做笔记也有困难。形势逼人,只得恶补上海话。星移斗转,情况逐渐好转,慢慢的大家关系融洽了。上海同学改口说福建是福地,山清水秀,"鸟语花香";我投桃报李说上海是华都,百川归海,"齐唱阿拉"。这还差不多,基本扯平,心态也随之顺畅了。

乡音无改鬓毛衰,我从小迄今总觉得莆田话最具创造力,最能细腻表达,最美最动听。

莆田语系涵盖过去的莆田和仙游两个县。习相近,话相

探雪

通,别号分别为"荔城"和"鲤城",两县亲如兄弟。在鲤城读书时,我发现当地的语言很有特色。如,那里的城关人以"八叉"称呼父亲,"八"下边加个"叉"不就是"父"吗?他们对父亲的这个称谓举世无双,富有创造性,已然上升到文化层面。稍加留意日常,莆田话对以不同手势打在对方的不同部位,也有不同表述,且恕笔者无法将其定格为文字。说到莆田话,不能不提及叠音词在描绘事物中的普遍运用。如:红妒妒、黄滴滴、白市市、阔茫茫、窄鞋鞋、热沸沸、清冰冰、香沉沉、臭蛮蛮、暗摸摸、光烟烟、肥秃秃、省骨骨("省":瘦)……形象生动,节奏明快。与之相比,普通话的叠音词哪像莆田话这样丰富多彩、俯拾即是?

有人做过考证,莆田先人相当一部分系晋唐时期的中原移民,难怪莆田话中带着不少晋唐古音。南山广化寺石幢(建于宋代)上的"佛顶尊胜陀罗尼经咒"的中、梵文读音跟现在的莆田话大体相同,可视为一个例证。莆田人把男人称为"打捕",把女人称为"室娘",把淘米水叫做"潘",把烧饭的锅叫做"鼎",把蒸笼叫做"炊",把馄饨叫做"扁食"(中原河南亦然),把客人说成"人客",把季节说成"节气",把公鸡、母鸡说成鸡公、鸡母,把故意刁难人说成"设毒",把有心成全人说成"积德",等等,似乎与晋唐的风俗习惯都有关联,年代上甚或可以推得更远。莆田话中的"我",白读为"寡",乃出自古代君主自称的"寡人",一直在莆田人的舌尖上跳跃传递。往昔莆田相对闭塞,其结果之一就是保留了古汉语的语言语音。外地人包括上海人听不懂自成一格的莆田话,犹如

"鸭母听雷公",不能归结为"阿骚讲无字",只能佐证莆田历史悠久,胶须(脖子)特别粗;莆田话起源悠远,手橹(手臂)特别长。

莆田话与普通话的读音差异明显。其最大特点是无轻唇音,只有重唇音;无舌上音,只有舌头音。在声调上,莆田话保留了大量的古汉语入声,而普通话仅有阴平、阳平、上声、去声四个声调。铆在这个意义上,莆田话的发音更为传统更为正宗。莆田文化界挚友郑祖杰先生曾经对我说,他写诗歌时,心里往往默念着莆田话,韵脚一押一个准。

历史上莆田出过响当当的诗人。前些年,我在编《唐诗新编全译三百首》的时候,不期与胡令能、徐寅、黄滔三位莆籍诗人邂逅。他们从偏僻的莆田步入唐诗殿堂,可谓草窝里飞出金凤凰。笔者有点偏爱胡令能,他的《咏绣障》写得多好:日暮堂前花蕊娇,争拈小笔上床描,绣成安向春园里,引得黄莺下柳条。诗人不直言绣女的技艺如何高超,而是拿绣屏让黄莺上当而飞下柳条的乱真事实来映衬。这样,不但灵动了诗歌意象,而且平添了生活趣味。时至宋代,"根"在莆仙两地的诗人,不完全计数就有七位,其中刘克庄最负盛名,他的爱国之心似"放翁",高洁之志似"稼轩",一领当年"江湖派"诗人之风骚。这么多的莆籍诗人均精通诗歌法则,作品合韵律合平仄,音调是那么的和谐,无不给人以美妙的享受。除了他们的悟性灵气和文辞修养过人,也表明莆田话可俗可雅。生活中流行成俗,文学上出落为雅。

莆田人向来喜闻乐见、经常遣用的"连天"二字,曾在《全

探雪

唐诗》中不只一回撞见（毛泽东主席在《七律·答友人》中也用过"连天"：洞庭波涌连天雪，长岛人歌动地诗）。遥想古时，许多莆田才子入京做官，有的甚至给皇帝当老师（生于莆田后塘的明代状元林环就是一个，他不但给皇帝讲课，还为太子释疑解惑），不断灌入龙耳的就有莆田方言。皇帝受其濡染，说不定听着还"连天"高兴呢。可见，莆田话如传统书法，有出处，有讲究，有群众基础，又有"登顶"辉煌。莆田话之美在于不同凡响，美得胜过身披锦羽引吭报晓的鸡公。这是一种矜持、一种骄傲。听说莆田电视台设有专讲莆田话的节目，众人喜闻乐见，实在是连天好！

岁月悠悠，乡愁几许。感谢永疆兄推荐的早期莆田民间儿歌集锦，才有了这些匆促的联想文字。

冰心犹在玉壶中

乡贤

抵达长乐境内的福州机场,离登机时间还有两个多小时,我寄好行李,旋即驱车前往长乐城中参观冰心文学馆。约莫走了20分钟,就到了高山仰止之地。

这是计划中的事。我从小就读过她许多清丽隽永的文章,并知道她是长乐人。十七八岁的时候,去长乐看望在当地工作的三叔,其间曾经踏访过她心目中的老家横岭。前年福建文化界的老领导郭风赠我一套《冰心文集》,仔细披览,获益匪浅。这岂止滴水之恩啊!怎能放过接受教育的机会呢。

冰心文学馆位于长乐市冰心公园内,落成于1997年8月。那时冰心还在世。文学馆选址长乐,对冰心老人而言,也算是"叶落归根"。我不由想起她的深情诗句:"清晓的江头/白雾茫茫/是江南天气/雨儿来了——/我只知道有蔚蓝的海/却原来还有碧绿的江/这是我父母之乡!"

探雪

　　公园内绿草如茵,鲜花盛开。一座古朴的石桥架于爱心河上。草地上分开竖着几块冰心名言石刻。尽管春寒料峭,仍有许多父母带着孩子尽情放飞。尤为引人注目的是公园北侧绘着冰心像、写着"有了爱就有了一切"的油画,和文学馆南边场地上《冰心与孩子》的汉白玉雕塑。游人兴致勃勃地与它们合影。天地合一,人景交融,好一幅爱心写意图!

　　步入文学馆大厅,一种祥和温馨的气氛扑面而来。东侧书柜里陈列着冰心不同时期的部分作品和介绍她的专著,北边正中近墙处安置着一尊席地而坐的冰心青春塑像,惟妙惟肖,冰白雪洁,光彩照人。文学馆二楼设冰心生平与创作展览厅,珍藏手稿版本与实物存列室,放映音像资料、举行学术讲座和会议的多功能厅,还有接待国内外学者的研究中心。一处处宽敞明亮,井井有条,凸显审美意识,一如冰心之文品人品。这一切,把"一片冰心在玉壶"的蕴韵演绎得恰到好处。值得一提的是文学馆内的一副对联:世事沧桑心事定,胸中海岳梦中飞。这是冰心集龚自珍句由堂兄请梁启超手书的,冰心生前把它作为座右铭。是啊,世事沧桑涛飞云卷,她始终心平如镜,总是清醒地站在涛头看望世界。

　　我一直把冰心作为"爱心"的化身,参观深化了我的印象。她热爱祖国的未来,《寄小读者》、《再寄小读者》和《三寄小读者》情真意笃,滋润了一代代少年的心;她热爱新社会,生前到过包括滇黔在内的十几个省,参观工厂、农村、农场和水利枢纽工程;她热爱人类和平,1955年参加了禁止原子弹和氢弹世界大会,1957年出席了亚洲人民团结大会;她热爱生活和生命,坚持创作数十年,自信"生命从八十岁开始",91岁高龄还创作了《故乡的风采》。她视花如子,特别青睐月季花和玫瑰,为此鼓励沈从文的儿子沈龙朱等几位大学教师成立了"北方月季花公司",受聘当上了月季花协会名誉会长。她喜欢猫也是出了名的,曾经为了走失一只爱猫而在清华园里贴出寻猫启事……她始终关注祖国的命运和前途,九十寿庆之际,在台湾范光陵教授与她通电话时,她仍念念不忘地说"愿两岸早日统一"。这种博爱,是一种情操,更是一种境界。

其实,"爱"是需要坚强和勇气的,这是相互依存的另一面。1928年"济南惨案"发生后,冰心写了一首简直是在呐喊的诗篇:《我爱,归来吧,我爱!》1945年,冰心不顾自身安危,毅然在全国文化界进步人士起草的《文化界对时局进言》上签了名。20世纪80年代,在一些人对巴金的《随想录》有这样那样的看法时,她在《散文世界》发表了《谈巴金的〈随想录〉》,表示同感与支持。随后自己也"想到就写",文章的道理越来越深刻,风格越来越泼辣,语言越来越传神。先后发表了《痴人说梦》、《一颗没人肯刻的图章》、《我请求》、《无士则如何》、《教师节引起的联想》等或反思或针砭的文章。她吁请增加教育经费,认为"教育搞不好,国家就会越来越穷",并作则垂范,多次把积攒的稿费捐赠给了中小学和"希望工程"。冰心的一生有多少风和日丽,又有多少狂风暴雨,但她那颗爱祖国、爱人民的心永远坚如磐石。这位与二十世纪同龄的老人,纯洁晶莹,超然大度,宁静高雅却又敢爱敢恨,德高望重,无愧于"先生"的尊称敬呼。

难怪乎巴金会将她称为"大姐",比作"明灯",说"灯亮着,我放心地大步向前。灯亮着,我不会感到孤独。"还说"您是中国知识分子的良心"。

难怪乎郭风同志会说,"冰心老人的一生是创造的一生,是无私奉献的一生……她的作品和一生的德行具有打动人心的道德力量。"

难怪乎萧乾同志会说,"老年的冰心更勇敢、更辉煌,她那支一向书写人间之爱的笔,挥向了邪恶的势力及腐朽的风气,真是光芒万丈!"

1993年我赴莆探亲,路过福州,先去参观了《冰心生平与创作展览》。记得工作人员介绍,7天展期观者逾万。人们为冰心而来为爱而来。可见冰心先生作为中国文学界参加过"五四运动"的最后一位元老,对中国现当代文学作出卓越贡献的文坛巨匠,赢得了读者的普遍敬仰和爱戴。这回我参观文学馆,又接受了一次爱的熏陶和洗礼。"有了爱就有了一切"的箴言陪伴我登上飞机,朝着"东方明珠"的方向翱翔。

牵牛花

乡贤

郭风,"文献名邦"莆田的诗意骄傲,现代莆脉文人的精神导师。在曾经有过儿童文学阅读体验的人们心中,郭风宛若一颗辉光熠熠的文曲星。从其生命意味的告别至今,家乡凤凰山的鸟儿还在为他歌唱,山坡上的花儿仍在商量着为他次第绽放。

第二次踏进郭风老师福州的家门,是在2001年秋天。郭老依旧亲切唤我"小老乡"。那天他正好在接待两位军界文人,来者以两双浅口布鞋相赠,为的是让老人穿得轻便,走动安稳。他们刚刚告辞,又有几个红领巾边向老人敬礼边走进门来。"都是错开预约的。"在旁的郭老儿子景能对我说,"退下之后,老爸外出少了,但一直没有闲着,写书,辅导,每天都很充实。"

郭老像一支红烛,不遗余力传道授业,人们怎么敬重他、爱戴他都在情理之中。

老人接下少先队员捧上的一包牵牛花的花籽,脸上挂着

探雪

微笑,说:"我喜欢各式各样的花草,包括牵牛花,现在限于条件,不像在老家,种得少了。"他稍作停顿,转身指着北窗对孩子们说:"你们看,就种了一盆秋海棠。"

"爷爷,您的好多好多文章都是写给我们看的,题目就会引起兴趣,比如《孙悟空在我们村里》《红蘑菇的旅行》。"一位少先队员打开笔记本,专注地望着他说,"我特别爱读您的《牵牛花》,文章里的牵牛花能说会道,美丽活泼,我们永远写不出来。""哎,这样说就不对了。"郭老赶紧说,"你们的作文一年比一年有长进,这是平时细心观察事物带来的好处,要将这种能力提高起来,把信心保持下去。你们一定比我行,会比我写得好。"少先队员们挺了挺胸脯,相视而笑,那分明是接合了老人的爱意与激励的辐射。

老人精神矍铄,话锋甚健。送走了红领巾后,牵牛花在我们的话题中延续着姣好的姿容。"小时候我住在莆田城关,一到春天许多人家都从乡下弄来花籽,种了牵牛花。细细的蔓藤缠绕在花架上,鲜花点缀着绿叶,非常好看。花的颜色会随着阳光照射悄悄发生变化,早晨蓝紫,临近中午就变成了紫红……"老人一不小心就沉进了家乡美好的往事里。啊,这牵牛花,不就成为思乡花了吗?

视其兴浓,我不揣冒昧,好奇地问:"为什么叫牵牛花呢?"

"据说这名字是北方某地的一位老郎中给起的。"他不假思索道,"很早以前,一个病人煮服了他处方的花籽,病情明显好转,有一天这病人牵着牛来他家复诊,问他这是什么花结的籽,老郎中指着门外的花说,就叫它牵牛花吧……"郭老年轻时辗辗转转当过教师,后来也下放劳动过,在了解基层民众的同时结识了花卉,加上博闻强记和艺术素养,难怪能够把牵牛花写得那么惟妙惟肖,笔下有它的"住、穿、站、吹(南方许多地方称做喇叭花)"等拟人动作,句型长短更替,节奏起伏有致,而且天天都有变化,每个早晨都像孩子那样满怀希望,令登门求教的红领巾们心旷神怡,津津乐道。临别时,他不忘叮嘱我写熟悉的生活,多写写乡情散文。

我与郭老结缘,远在上世纪80年代初。当时我代表《青年报》赴福州张罗"华东六省一市中学生作文比赛"事宜,郭老拨冗接待,亲自出马去福八中落实会场。当他知道我跟他同为莆籍人,便叫我"小老乡",建议我用莆田方言交谈,并盛情邀我到他家作客。

2002年,我回老家过春节,返沪途中再去福州拜望了他。熟不拘礼,落座甫定我便以轻松的口吻说:"今天我尽管没有牵牛来,但还是希望您给我的文章把把脉。"老人乐呵呵地说:"小老乡,我一直留意你的文章,你擅长白描。绘画上的细线白描与块面敷色是两种技法,各有千秋。吴道子的《八十七神仙图》与梵高的《向日葵》,一素一艳,同样是经典之作。文学上的白描就是以质朴的笔线状物叙事,不追求华丽词藻,不刻意雕琢,远近参差,娓娓道来。这种笔法不会过时,能够'白'到底倒是一种风格。因为白描不排斥抒情,只要匠心构思,文字干净、准确,照样可以传神,关键在于捕捉和写好细节……"今生得名师指点,实乃我之大幸。尤其是,老人如影随形的乡愁熏染着我,成了我写故乡的不竭动力。

探雪

次年,上海作协、中国散文学会、新民晚报社联合为我举办"乡情散文研讨会",郭老早早寄来了"以情感人"的亲笔题词,并嘱家住上海的何为老师代表他们俩在会上发言。他还在来信中写道:喜见牵牛开花,希望戒骄戒躁。在他的督促下,2004年我向中国作协呈递了入会申请,很快就审察通过。郭老获悉对景能说:"莆田增加了一个'京榜题名'作家。我的京榜是北京榜,表明中国。小老乡又编报纸又文学创作,很不容易,去个电话祝贺祝贺。"……

"风欲静而云不驻,更漏春迟,天寒燕缺顾。"2010年1月3日,郭老不幸因病与世长辞,于我无异为晴天霹雳,六月飞雪。那些红领巾还在我眼前飘拂,他的音容笑貌在耳在目。

郭老德高望重,历任福建省文联秘书长、副主席,中国作协三、四届理事和福建省作协主席,把毕生精力献给了散文、散文诗和儿童文学创作事业,并给予几代人以深刻的影响,风范流芳,育人无数。在他逝世祭月的时候,我写了《从凤凰山到凤凰池》,追忆他从家乡莆田凤凰山走向福建省作协所在地凤凰池的传奇人生。这篇文章被收进了冰心文学馆稿库。在原冰心文学馆馆长王炳根先生和莆田市有关人士的共同操持下,郭老叶落归根,身后又"回"到了家乡凤凰山,其历经磨难而不丧志、著作等身而不自傲的一生,画上了一个大圆。

我始终把自己视为一株来自乡间的牵牛花,郭老倾情浇灌过的牵牛花,并努力绽放。时光荏苒,常忆恩师,谨献上这朵他当年极尽能事予以描摹的牵牛花,以志纪念。

与林则徐对话

乡贤

恭读《林则徐文集》,与崇高灵魂对话,加深了对林公的敬仰之情。感谢老前辈郭风先生赠此至宝。

清朝乾嘉之际,正值"中西两极"初逢之时。林则徐留心邀集人才,研究外情,无愧为"近代中国睁眼看世界第一人"。

当时在工业革命中蓄足力气的西方列强,以鸦片撞击中国贸易大门,而闭关锁国的朝廷对外部世界知之甚少。道光皇帝向下求证鸦片为何物,竟有地方官员禀报鸦片是乌鸦肉做的,其荒唐到了透顶地步。林则徐疾呼禁烟——要不然,将"无御敌之兵,且无可充饷之银"。

多年之前就想瞻仰林公,却一直未能遂愿。这次回老家特地从长乐机场绕道福州,下了决心去,有驱动的原因,上海书家德民兄给我看了一封很旧的毛笔信,几经民间辗转,其中写着林则徐当年推荐的中药戒毒方子,令我为之动容:原来林公不仅力主"戒毒",而且重视"解毒",用心拳拳何其良苦!

探雪

出了机场,对司机开宗明义说去福州市区"有林则徐的地方"。司机是福州本地人,轻车熟路,不出1小时就将我送抵林则徐大道。

林则徐塑像耸立于路口,被圈在塑料墙里边,只露出大半个身子。当地在热火朝天建地铁,此乃为安全计。我弃车驻足道侧,隔墙行注目礼,轻声说"林公,让您暂受委屈啦"。

"谢谢你不远千里来看我。"我仿佛听到他对我说,"哪来委屈呢?梓里福州建设日隆在下高兴呀!"过片刻又说:"有一事相烦,听说在你家乡莆田,就是乌石山清风岭那里,我的祖公墓及林默娘(妈祖)的祖公墓给房地产开发商平毁了,于今我腿脚不利索,都是当年在伊犁落下的疾,你帮我查清实情。"

"林公,"我回话说,"那是早前'文革'中的事。后来无人重建,前两年才造了商品楼,似乎不能一股脑儿责备房产商。造楼之前,有守墓契约在身的林家被赶走了,当时强对弱、武对文的情景震惊四邻。事已至此,大人大量,请您宽怀并宽恕。"

"噢,明白了。"林公说,"我的晚唐祖公墓太过久远,疏识者众,也罢,只不过把林氏妈祖的祖墓也弄丢了,真乃可惜!……"

林则徐曾官历14省,先后做过两广、陕甘和云贵总督,所到之处关心民瘼,秉公办事,被呼为"林青天"。对上述之事不轻易下断,印证了他的严谨。

此刻我另有焦虑,怕伤老人家心,欲言又止。林公洞悉了我,径直问道:"是否是洋毒渗势猖獗、毒品死灰复燃的事?"瞒不过,只好告知:"是的……"没等我说完,他先开言,看来是耐不住了:"有人竟在我眼皮底下吸毒,这不是往我老脸上抹黑吗!"

在接下去参拜林则徐纪念馆途中,我心里总是塞塞的。纪念馆也正在修缮。穿过牌楼墙,沿石径前行,到"品"字形碑亭跟前朝北拐个弯即内厅,正中祀奉着林则徐遗像。

触地跪拜,似有一阵风从头上掠过。不禁忆起林公当初回敬英国驻华商务监督义律的话:誓与此事(禁毒)相始终,断无中止之理。林公啊,您"苟利国家生死以,岂因祸福避趋之",虎门显虎胆,大义凛然向西洋毒贩宣战,在中华青史上留下了一章庄严!

"历史永远仰视您!"我话出由衷。林公回言:"我不想眼看着国人沦为病夫,做了应该做的事而已。"

馆员非常热情,脸上始终荡漾着微笑。我询问林公戒毒药方的事,她明确说有的,可惜今天你看不着,封存了。我说我所见的那个药方叫《戒烟原方忌酸丸》,前面有提示,后面有药丸制法与吃法之说明,还附有根据体质不同而加减的《补正丸方》,极其讲究。她说是不可以滥造乱吃,戒毒要有专门指导才行。

我流连于纪念馆。出租车司机一直在馆外相候,而且停止计价。这是一位可以信赖的好人。

参观毕,向家乡莆田而去的路上,我把同林公的对话说与司机听。司机沉默一会说:"你没向林公谎报,我就知道有个村庄,许多人都在'玩'毒,几乎是公开的秘密。我的同行里也有吸毒人,毒瘾发作时开不了车,只好往路边停靠……"

探雪

我吃惊不小,这不是拿生命开玩笑吗?身不由己从座位上立起来,头重重地撞在了车顶上。"此话当真?"我追问。司机正色道:"我看你是正道上的人,骗你不也是一种罪过吗?我不会撒谎的。"

心事重重回到家乡。翌日,我将情形告诉前来看我的朋友,不幸又得到证实:我们在那个村庄附近工作过,有这么回事……

这群不肖子孙,你们对得起谁呀?!人生之路自己走,但生活方式的选择不可无视国法。你们忘了吸毒害己害家又害国,忘了当年洋枪洋炮让我们丧权辱国,忘了林公被发配新疆伊犁,那一去就是五年,忘了中华民族自强不息,好不容易才有了今天。

是晚,梦里与林公再度相逢。醒来我对林公说:"惊天动地的虎门'20天',中国人民铭记于心。您知道吗,就连'对手'也敬畏您,在伦敦蜡像馆里给您塑了像呢。"

"哈哈,真有此事?"林公神情转向冷峻,"还是那句话,我不想看着国人沦为病夫。赤县神州欲书写新的健康历史,务须坚决抵制并远离毒品。"

对,"誓与此事相始终,断无中止之理"。林公气冲霄汉的这句话,应该从他书中放大出来,刻于每个人心中,写在每一座青山上!

落梅犹记刘克庄

乡贤

在宋代的大诗人中,"根"在福建莆田和仙游(两地紧邻,今合为莆田市)的,不完全计数就有7位,让同"根"的我引以为荣。按出生年份排名,他们是蔡襄、方惟深、黄公度、陈均、王迈、刘克庄、陈文龙。皆为琴心剑胆、堂堂七尺好男儿。

谁说自古闽人"五音不全"入诗难?这7位莆仙籍宋诗人的锦囊之作,立旨高远,意味悠长,合韵合平仄,音调那么和谐,读来是一种高雅的享受。从中悟出一个道理,方言口语和书面语言固然有着很大差异,但只要勤于做学问、反复"修炼",就能够掌握诗歌的规律,跨越障碍而获得创作自由。刘克庄就是这么一位精通法则的诗林宗匠,我特别推崇他。

刘克庄,生于南宋孝宗执政的淳熙末期(1187),卒于度宗执政的咸淳年间(1269)。初名灼,字潜夫,号后村居士。淳祐六年举为进士。官至工部尚书(掌管工部各项政令的长官)。从他先后名号的更易中,可以窥见他的不凡经历和曲

探雪

折心路。刘克庄的诗词多有感慨时事之作,为当时"江湖派"重要作家。著有《后村先生大全集》。

宁宗嘉定年间,时任建阳(福建)令的刘克庄写了《落梅》一诗,这是他咏物寄情的上乘之作:

一片能教一断肠,
可堪平砌更堆墙。
飘如迁客来过岭,
坠似骚人去赴湘。
乱点莓苔多莫数,
偶粘衣袖久犹香。
东风谬掌花权柄,
却忌孤高不主张。

全诗大意是:每一片飘零的梅花都教人触目愁肠,更哪堪残缺的花瓣凋落如雪片,铺满了台阶又堆上了墙头呢?飘零的梅花就像匆匆过岭的迁客,坠落的梅花犹如不得已赴湘的骚人。那么多原来美好高洁的花朵,如今却沉沦泥土与莓苔为伍,然而偶然粘上衣袖的香气,还久久不去。啊,让东风执掌对百花的生杀予夺大权,真是差矣错矣,它忌妒梅花的孤高,对梅花任意摧残,根本不讲怜香惜玉。(注:诗中"迁客""骚人"分别引用了韩愈、柳宗元遭谪贬放逐的典故,泛指封建社会里一切仕途坎坷、壮志难酬之士。)

《落梅》通篇不着一个"梅"字,却不仅刻画出梅花的品格和遭际,而且通过对落梅哀婉缠绵的吟叹,处处透露出诗人的心迹情感。同时,也高度概括了历史上无数"迁客""骚人"

颠沛流离的不幸,更道出了当时广大文士抑塞不平的心声。但是由此,刘克庄却落来大麻烦。其中"东风谬掌花权柄,却忌孤高不主张"两句,被言事官(谏官)李知孝等人指控为"讪谤当国",撳住不放,逐级递交奏状。于是,刘克庄获罪而被罢职,坐废乡野长达10年之久……这就是历史上有名的"落梅诗案"。

"退之未离乎儒者,坐井观天错议聃(老聃,古代哲学家)"。刘克庄痛恨卖良求荣、追逐俸禄的当事谏官,视其为坐家虎,宁为"后村居士",始终没有屈服。相反,从此开始大写特写梅花,一发而不可收,先后写了一百三十余首咏梅诗词。"梦得因桃数左迁,长源为柳忤当权。幸然不识桃与柳,却被梅花误十年"(《病后访梅九绝》),"……老子平生无他过,为梅花受取风流罪"(《贺新郎·宋庵访梅》)等咏梅诗作,都表露了他强烈的愤懑之情。刘克庄无怨无悔,虽然在后来的十年间生活颇为艰难,却有着"风流"的好心态,通过不失操守的努力,逐步改变自己命运,遂活到了82岁高龄。

呜呼!"若非一番寒彻骨,哪得梅花扑鼻香",刘克庄咏梅诗词之丰无人可及。不啻于斯,他的一生针对南宋"国脉微如缕"的现状,写下了大量抒发感慨的不同题材的诗篇,爱国之心"似放翁",高洁之志"似稼轩",其身其品一如梅花。倘若有哪位剧作家把他的事迹搬上舞台,无需戏说,只要实言,也一定会是一出让人荡气回肠的好戏。剧名可叫做《落梅诗案》。

探雪

林元培,大桥脊梁中国骄傲

我和林总相约,到他府上聊聊,一杯清茶,轻松随意。陪同我采访的还有上海别的报社的两位资深记者。林总是我的老乡,他和我一见面,便用莆田方言寒暄,好亲切,好温馨,犹如春日里的鸟语花香。

林夫人孙竞华边给我们沏茶边说:"莆田话我也能听懂,因为阿公阿婆都是莆田人,他(她)们在世时,莆田话是家庭内部的主要用语。元培小时候在莆田渭阳小学读过三年书,对莆田家乡特别有感情。"

我们面对着一位国家级设计大师、国际著名桥梁专家,一位可亲可敬的长者,无拘无束,思路围着"桥"转,话题跟着"桥"走。从国内到国外,从过去到现在,从"南浦"到"杨浦",纵横跳跃,海阔天空,共享了林总成功的喜悦,经受了一番造桥巨人的精神洗礼。

自 1954 年从事桥梁设计和桥梁理论研究至今的 46 年生

涯中,林元培设计或主持设计的大跨径桥梁达二十余座,设计过的中小桥究竟有多少,他从未去记过,也记不清了。到目前为止,像他那样能够设计或主持设计近十座大跨径斜拉桥的,在国际上恐怕也少有比肩者。正是他,领衔开创了世界桥梁史上一个又一个新境界。

一

和上海市民一样,林元培也曾久久地做着大桥梦。但与人们不同的是,作为桥梁专家,他的梦是要在黄浦江上架起自己设计的大桥,实现零的突破

上海,这个远东第一大都市,有着同巴黎塞纳河、伦敦泰晤士河一样闻名于世的黄浦江,然而在20世纪80年代以前的漫长岁月中,黄浦江市区段上却没有一座桥!

大桥梦,上海人做了近百年。

——清末小说家、上海青浦人陆士谔,在宣统二年出版的小说《新中国》中写道:宣统二十年,万国博览会在浦东举办,黄浦滩已建成了浦江大铁桥,小说主人公前去游玩,一跤跌醒,方知是南柯一梦。

——1931年,上海地方商绅筹建了建桥机构并与一家法国厂商草签协议,准备在董家渡建一座钢质浮船桥梁。后因当局不予资助,只得作罢。

——1945年,抗战胜利,在有识之士推动下,上海成立了越江工程委员会,由茅以升、赵祖康等著名专家主持规划,经三年辛勤工作,完成了三种越江工程方案。国民党政府也曾

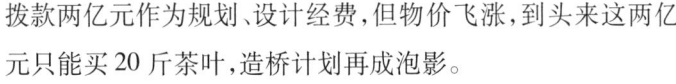

拨款两亿元作为规划、设计经费,但物价飞涨,到头来这两亿元只能买20斤茶叶,造桥计划再成泡影。

自1856年注入黄浦江的小河——苏州河上建成第一座木桥至20世纪80年代末,133年岁月随江水流逝,然而无论是当年租界里的洋人还是各时期的国人,都只能将窄窄的苏州河作为自己惟一的征服对象,先后在苏州河上造了三十余座小得很不起眼的桥梁。一代又一代的申城人,面对涛声依旧的黄浦江,增加的只有几多叹息,黄浦江大桥依然只是人们心目中的海市蜃楼。

在那段长长的时间里,上海人自浦西往浦东,从浦东到浦西,渡江只能靠撑竿摇橹的小木船和木帆船。虽然在1910年,从浦东东沟、庆宁寺至南京路外滩,首辟了轮渡航线,但直到解放为止,由于旧政府的腐败无能,上海市区总共才发展了4条客渡轮船航线。

解放后,党和政府一直致力于黄浦江过江交通条件的改善。到80年代后期,客渡航线增至21条,并有5条车渡线,7条交通艇航线,而且还相继建成了打浦路和延安东路越江隧道,以及黄浦江上游铁路公路两用桥。这些举措虽然都在一定程度上改善了浦东与浦西之间的交通,但是与黄浦江市区段不断增加的过江需求量相比,仍属杯水车薪,"过江难"的状况没有得到根本的改变。尤其从80年代开始,全市经济规模逐年增大,每天过江量达104万人次和2.2万车次,浦江两岸交通的"鼓胀病"日益加剧。1987年12月10日,上海最大的陆家嘴轮渡线,终因"鼓胀"加上大雾,酿成惨祸,令人至今不堪回首。

黄浦江市区段再也不能没有桥了！上海市政工程设计研究院的设计师们出于职业的使命感，他们的大桥梦比社会上其他任何人做得更强烈，也做得更实在。

1975年，有些按捺不住的设计师们，在没有任务和经费的情况下，已着手研究起黄浦江的架桥问题了。他们还于1976年分别在浦西多稼路口第二人民医院急诊室旁边与南码头现桥址不远处进行了两次地质钻探，为日后设计大桥作准备。他们敏感地认识到，上海要发展，建桥必然是迟早的事。

设计师们的视线越过了太平洋，发现世界上70年代初已有跨度达300米的斜拉桥。当时上海市政工程设计研究院的老院长兼总工程师、著名桥梁专家徐以枋，看出斜拉桥是一种很有前途的新型桥梁，它有可能跨越黄浦江。说来也巧，那时松江泖港要建造一座越江大桥，徐以枋就提出在泖港建设一座跨度为200米的斜拉桥。担任当时该桥副设计负责人的就是现在赫赫有名的南浦大桥和杨浦大桥总设计师林元培。

有远见的上海市政工程设计研究院的专家们，并没有把泖港大桥仅仅作为一般的工程设计项目来完成，而是将它作为日后黄浦江大桥设计的试验桥。

然而，要在黄浦江上架桥的确绝非易事，必须解决资金问题和具备相应的设计能力。作为上海父母官的几任市长汪道涵、江泽民、朱镕基都对此倾注了极大的心血。时机终于在19世纪80年代中期成熟：亚洲开发银行愿意贷款，上海市政工程设计研究院有能力担任主体设计。市领导在落实了这两个关键问题后，果断拍板造桥，而且一举就是两座。

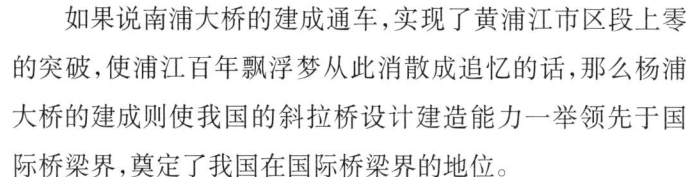

如果说南浦大桥的建成通车,实现了黄浦江市区段上零的突破,使浦江百年飘浮梦从此消散成追忆的话,那么杨浦大桥的建成则使我国的斜拉桥设计建造能力一举领先于国际桥梁界,奠定了我国在国际桥梁界的地位。

林元培和他的上海市政工程设计研究院的设计师们获得了设计黄浦江大桥这一历史性的机遇,并随之付出了极其艰辛的劳动。

二

设计是一项集体创作,犹如一场大规模的战役,而林元培无疑是这场战役的主帅和灵魂。杨浦大桥紧随着南浦大桥建成通车,创造了上海工人阶级5年建造两座大桥的世界记录

由于加速开发开放浦东的需要,市政府在决定兴建南浦大桥时还作出决策,大桥必须在三年内建成通车,1989年必须开工。这时,留给设计者的时间只有一年半。用这点时间设计一座中国从未做过的迭合梁斜拉侨,并且是世界级的大跨径,这在国际上也是罕见的。同类型的加拿大安娜西斯桥,其技术设计的难度只有南浦大桥的一半,用了整整三年。

林元培在接受大桥设计任务的当初,也确实感到了新技术风险的压力。不错,他设计或主持设计过的多座斜拉桥,座座不同且都有创新,可以说是成绩卓著,但设计迭合梁斜拉侨还是第一回。这种将混凝土桥面板迭合在钢梁上的桥型,是1982年国际著名桥梁结构专家、德国人氏弗里茨·莱翁哈特提出的构想,具有自重轻、施工便捷的特点,曾参加过

美国阳光大桥的设计投标,但未中。加拿大勃克兰泰勒公司把莱氏的构想稍加改造,于1986年在温哥华建成了跨径465米的安娜西斯桥,成为迭合梁斜拉桥家族中的老大。同类型在建的桥有美国的贝当大桥和印度加尔各答的第二胡格里桥,后者跨径仅次于安娜西斯桥,当时已在建八年。南浦大桥要设计成这种问世不久的新潮桥型,而且跨径位居当时世界第三,没有一定的技术实力和气魄是不行的。时任上海市市长的朱镕基同志专门把林元培找了去,询问他有没有把握,林元培回答朱市长:"我有80%的把握。"他心想,还有20%的风险,但我会用120%的努力去克服。

林元培决定借鉴加拿大安娜西斯桥的经验。不料,1988年9月,上海市政工程设计研究院派程为和与章曾焕两位高级工程师去加拿大考察后,带回一个令人吃惊的消息:安娜西斯桥出现了许多裂缝!

林元培有些坐不住了:要是将来家门口的南浦大桥也出现裂缝,如何面对江东父老?1989年春节刚过,大桥指挥部组团去加拿大考察,林元培亲自前往,同行的还有顾永良和张介望两位高级工程师。在安娜西斯桥,他们冒着温哥华北纬49°的凛冽寒风,爬上爬下仔细观察,并用相机从不同角度将桥上一百多条裂缝全部拍摄下来。

不久,当他们出现在美国贝当大桥工地时,又获悉贝当桥的锚固构造要修改,但如何修改方案未定,林元培的神情显得格外严肃。因为他心里非常清楚:南浦大桥如不作新的技术处理,裂缝问题就无法避免。同时他也看到,迭合梁斜

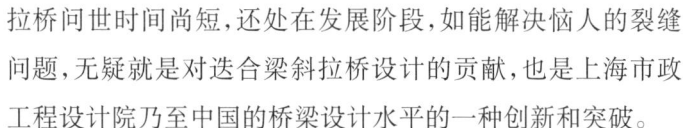

拉桥问世时间尚短,还处在发展阶段,如能解决恼人的裂缝问题,无疑就是对迭合梁斜拉桥设计的贡献,也是上海市政工程设计院乃至中国的桥梁设计水平的一种创新和突破。

然而,创新包含着成功与失败两种可能。林元培与他的同事们面临着严峻的考验。

林元培小愧为设计大师,在他和同事们所进行的桥梁设计中,还没有遇到什么能够难倒他的问题。如今在自己的工作中遇到别人不能解决的难题,这对于喜欢挑战的林元培来说,反而更能激发他的昂扬斗志。

回国后,林元培把自己关在客厅里看幻灯片,细细琢磨那一道道揪人的裂缝,细细琢磨那一个个化解裂缝的方法,度过了一个又一个不眠之夜。

智慧是世上最有价值的财富。裂缝难关导致林元培一篇全新论文的诞生:《南浦大桥设计》。他针对安娜西斯桥的四种裂缝,提出了四点化解方法,果然,按照林氏新方法施工的南浦大桥,经过36辆30吨载重卡车的荷载试验和实际运营,仍不见那些裂缝的踪影。真是一个创造性的奇迹!

林元培在大桥设计和施工中,根据实际情况提出了一系列独创性的见解,并采取有效的措施(如在岸上设置辅助墩以减少塔根弯矩等),使南浦大桥已经在很大程度上不同于安娜西斯侨和贝当桥了。国际同行肯定了林元培从理论到实践对迭合梁斜拉桥作出的突出贡献。1991年4月26日,美国著名桥梁结构权威、DRC公司总裁邓文中先生在写给大桥指挥部的信中说:"……看到南浦大桥成功的建造,使我感到很兴奋。我觉得这充分说明中国人潜力很大,可以参与和完成世界上任何工程项目………南浦大桥在许多地方其实要比上述两桥更好!"

林元培来不及缓口气,更大的考验接踵而来。

杨浦大桥设计还在讨论方案时,国内有些专家担心602米的跨径风险太大,建议将南浦大桥照搬到"杨浦"桥位上。林元培认为,如果这样,风险是小了或没了,但在五百多米的江面上建桥,423米的跨径势必使一个桥塔落在水里,这样带来的问题是:施工麻烦、投资增加,水中作业受潮汐的影响,施工周期最快也要三年半到四年。再说,一个桥塔在岸上,一个桥塔落在离岸一百多米的水中,既不美观,也说明设计者无能。不能让我国桥梁界脸上蒙羞!讨论结果,还是采用了林元培提出的602米跨径的设计方案。

杨浦大桥比南浦大桥主跨径一下子长出179米,量的变化引起了质的变化。桥梁设计首要的问题是计算出桥梁的内力,而古典的桥梁理论在杨浦大桥面前已显得无能为力了。

凭藉丰富的实践经验和深厚的理论功底,林元培早在主持设计重庆嘉陵江石门大桥、重庆长江二桥和南浦大桥等跨径超过400米的大桥时就发现,古典理论的内力计算同桥梁的实际内力存在误差,而跨度越大,误差也就越大。杨浦大桥当时是世界第一跨度,这个前人没有解决过的问题,自然必须由创造第一的人来解决。林元培创造性地提出了全新的理论——适用于一切空间结构而不囿于桥型的"空间结构稳定理论"。有位外国专家用古典理论作了一个杨浦大桥设

探雪

计方案供有关方面参考,它同用"林氏理论"计算的方案相比较,结构刚度明显不足,内力计算误差竟达62%!杨浦大桥的设计成功,证实了林元培为桥梁理论所作出的最新贡献。

杨浦大桥当时不仅在跨度上创造了世界第一,林元培和他的同事们在桥梁理论的实践中也创造了许多第一:斜拉索从平面布置改成空间索面布置后的复杂计算,锚箱因钢梁断面改变而作的全新设计,塔形由"南浦"的H型改为多角钻石形后对拉索上端锚固方式采取的全新构思,等等。

同南浦大桥一样,杨浦大桥也是亚洲开发银行的贷款项目。"亚行"为了确信自己贷出的1.3亿美元不至于扔在黄浦江里,理所当然要对杨浦大桥设计进行尤为严格的审查。

第一轮的两次审查是在1991年,"亚行"请的是日本专家。设计师们在林元培的带领下,对日本专家提出的问题一一作了利索的回答。接着,"亚行"又出资50万美元,于1992年聘请了美国斜拉桥协会主席、DRC公司总裁邓文中博士来沪进行第二轮审查。邓博士于1992年1月、4月、6月三次来沪收集资料,并作了实地考察,然后按照美国设计规范对杨浦大桥进行了平行设计。在DRC公司产生的三千多页计算书的基础上,邓得出的结论是:杨浦大桥"无论设计与施工方法都是安全的"。

为了进一步确认邓文中博士的这一结论,"亚行"又邀当今世界上三位桥梁权威,组成了三人小组,进行再审核。这三位人士是斜拉桥欧洲流派代表人物、德国莱翁哈特设计事务所经理斯文森,斜拉桥北美流派代表人物、美国联邦政府公路运输部总工程师伯特尔尼博士和日本东京大学教授西野。1992年8月,邓文中博士与三人专家小组在上海对大桥设计组成员进行了面对面的设计审查,还考察了现场,参观了有关加工厂。专家组的结论是:"杨浦大桥的设计不仅在技术上是合理的,而且它代表了桥梁工艺的一个杰出进步。"斯文森的比喻更为精彩,他说:"一个发展中国家能够在短时间内建造一座世界纪录的斜拉桥,这好比在奥运会上获得半打金牌。"这是世界一流的专家对世界一流的大桥所作的一流评价。

早在19世纪70年代,林元培在设计"试验桥"松江境内的泖港大桥时,首次把航天技术中用于校正运载火箭运行轨迹的"卡尔曼滤波法"用于桥梁施工,使两岸同时进行悬臂施工的桥梁合龙时的误差小于2厘米。在杨浦大桥施工中,林元培再次使用这个法宝,取得了非常满意的效果。

举行杨浦大桥通车庆典的那天,中共中央政治局常委、国务院副总理朱镕基同志与建设功臣代表一一握手。他来到林元培面前时,特意多停留了一会儿,亲切地说:"老林啊,时势造英雄,你现在是出了大名了,今后还要做到国外去。"林元培当时心里一阵激动,不禁有点语塞,只知道一个劲地点头,连连说"是"。当天晚上,从来不沾烟酒的林总破例端起了一小杯"花雕",与家人一饮而尽,共庆胜利。

1992年9月14日,在纽约国际桥梁会议的讲台上,林元培作为斜拉桥中国流派的代表,向在座的近百名桥梁巨匠们阐述了他对上海"南浦"、"杨浦"两座斜拉桥的设计理论,并描绘了中国斜拉桥的发展前景。他的发言,赢得了全场热烈

探雪

的掌声,与会专家们纷纷翘起大拇指,连声称赞"Excellent, Excellent(杰出的、优秀的)!"有位外国朋友甚至这么说:"中国的杨浦大桥现在已和中国的长城一样出名。"

我国桥梁的发展是中华民族物化的步伐,其跨度是设计人员的思维步幅和综合国力水平的一个标志。半空斜拉索,千尺跨虹霓。"南浦"、"杨浦"两座大桥的建成,谱写了一曲社会主义的赞歌。设计大师林元培的名字,于1991年和1993年先后被列人了美国和英国剑桥出版的《世界名人录》,并于1994年获美国传记中心终身成就奖。

三

林元培成了名人,鲜花、掌声和荣誉多了,但他始终认为完成两座雄伟大桥设计的,是一个专家群体,是一个英雄集体。一个人本事再大,是难以单独设计一座世界级大桥的。

南浦大桥的设计,曾先后投入110位技术人员,用了一年半时间,经过设计师们夜以继日的奋斗才画出2500张图纸。如果一个人干,平均两天画一张图纸,即使放弃全部节假日,也要画上14年!所以一座大桥的设计,包含了许许多多设计人员的智慧和汗水,他们都是功不可没的。

有的同志带病工作甚至献出了生命。林元培永志难忘的是他的同事张介望。从1986年参加大桥的可行性研究起,他就是设计负责人之一,大桥进入施工图设计阶段时,他是大桥关键部位主桥的设计负责人。面对大家当时对钢结构的经验几乎等于零的困难,他没有退缩,而是到处奔走,搜集国内外有关资料,编写了一系列文书,为大桥设计施工提供了依据。1988年体检时他被查出肝纤维化,但他并没有放下工作。1989年他的病情发展为早期肝硬化,终因病情太重没有见到南浦大桥通车而英年早逝。这就是我们中国的知识分子,他们为了大桥,抛弃自我,不为名利。正因为有了这种精神,才形成了这个大桥设计的创作集体。可以说没有他们,没有这种精神,便没有南浦、杨浦这两座举世闻名的大桥。

在艰苦拼搏的岁月里,林元培悟出了一个道理:离开了集体,个人便难成大事。同样,把个人的力量凝聚起来,集体的作用就更大了。他长期从事的是技术工作,担任总工程师以后,他意识到这同时又是一项管理工作,而管理工作是不能离开做人的工作的,他有责任把大家团结、凝聚在这个设计集体之中。有一年春节,他走访了好几位同事的家,和同事们既讨论技术问题,又推心置腹地交流思想,大家都感到心情很舒畅,给后来的工作带来了很大的方便。他和顾永良等十几位同志共同编写了《斜拉桥》一书,由他担任主编。书出版以后,传来顾永良同志病重的消息,他和参与编书的其他同志商量后决定,把8000元书稿费全部赠给顾永良同志,在全体同仁中传为佳话,有力地推动了全院的凝聚力工程。

上海市政工程设计院在桥梁设计上能取得今天这样的成就,凝聚着老、中、青三代技术人员的心血。林元培常常这样想,青年是我们的希望,为了祖国的未来,我要多下工夫培养好青年技术人员。因此,在后来的南北高架和徐浦大桥建设中他"放手不放眼",让一批年轻人挑大梁,从中得到了锻炼，提高了他们设计和指导施工的独立工作能力。

他周围的一些青年设计人员都是很努力的，有时在工作之余他们也会和林总开玩笑说："林总，跟你通宵达旦加班加点都是义务的，如果为老板干，肯定可以赚大钱。"他们说的其实也是实话，但林总有自己的价值观。他说，"干事业是需要一批傻子的，手里如果有10万、50万，甚至更多的钱，在我看来是一样的，只要够用就可以了，千万不要把事业仅仅看作换钱的手段。我对生活的要求并不高，对自己能够得到什么，也并不多去考虑。"林总在工作上对自己的要求是很高的，总是把组织和群众对他的信任看作一种动力和责任。为了不负众望，他付出了更多的为人民服务的代价。

林总淡泊名利，自强不息，决心再攀新高峰。他对组成桥梁各个系统可能受力的三种状态进行了排列组合，发现应该有九种类型，然而目前世界上已建成的桥梁只能归入八种类型，即：钢架桥、拱桥、弦杆拱桥、简支梁桥、连续钢构件、I型钢构桥、斜拉桥和悬索桥。还有一种桥面系统和支承系统均受拉的形式尚未出现。他分析后认为，那将是"第九种桥"，一种跨越能力更大的桥型，跨径至少在2000米以上，将超过目前跨越能力最大的悬索桥，而且也是更为经济的桥型。这个重大发现在1990年10月26日《解放日报》上披露后，引起了国内外桥梁界的普遍关注。

林元培勇于实践，善于总结，通过潜心深入研究，往往有新的发现，才不断开创了世界桥梁史上的新境界。他说，当今社会，科学技术发展日新月异，科技进步时间跨度的缩小，使得一些现在还属于先进的技术很快就被更先进的东西所代替。因此,我们应当不断总结,有所发现、有所创造、有所前进。成绩永远只代表过去。

四

46年的桥梁设计生涯,林元培成就辉煌。然而正像歌中所唱的那样,"军功章有你的一半也有我的一半",这另一半军功章无疑属于林元培的家人,他的妻子和孩子

凡是到过林元培家的人,目光往往首先定格在墙上的十几个镜框上。书房的墙上挂着"设计大师"的木框,表露出主人对这个荣誉称号的珍惜。其余的大小镜框全是林元培设计过的各类桥梁,主人对事业的挚爱跃然其上。室内窗明几净,纤尘不染,不用说准是林夫人的功劳。

退休之前在一家企业职校任教的林夫人孙竞华,是一位庄重、贤惠的女性。为了给丈夫创造研究桥梁的工作环境,她毫无怨言地做起了"马大嫂",成了家庭里里外外的一把手。

创造宁静的环境,长期以来已成为她和孩子的习惯。林元培平时语言就不多,习惯于静静地思考问题。几十年来他对数学、力学、桥梁情有独钟,使得他将大部分精力投于其中。特别是改革开放以来,桥梁设计了一座又一座,随着跨径越做越大,林元培感到自己肩上的担子也越来越重,专心致志思考问题的时间也越来越长了。有一段时间他在家里几乎一言不发,家人们懂得,此时此刻林元培最需要的是安静,于是大家都尽量避免发出声响。

其实,林元培原本是喜欢音乐的,古典音乐、民歌民谣,高兴时也会哼上几句;他还喜欢下棋,学生时代他曾是同窗

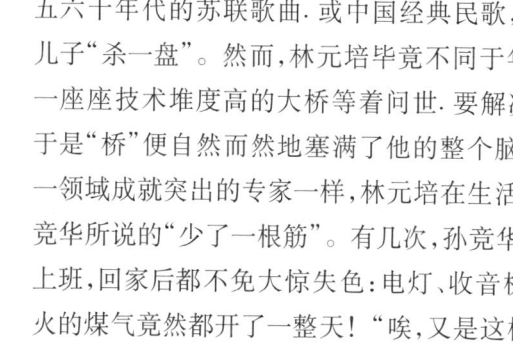

们推崇的"棋王"。如今,他依然留恋过去的时光.偶尔听听五六十年代的苏联歌曲.或中国经典民歌,兴之所至也会邀儿子"杀一盘"。然而,林元培毕竟不同于年轻时的自己了,一座座技术堆度高的大桥等着问世.要解决的问题太多了,于是"桥"便自然而然地塞满了他的整个脑子。和许多在某一领域成就突出的专家一样,林元培在生活上确像他夫人孙竞华所说的"少了一根筋"。有几次,孙竞华先他一步外出或上班,回家后都不免大惊失色:电灯、收音机,甚至还燃着小火的煤气竟然都开了一整天!"唉,又是这样,他脑子里除了桥还是桥,真拿他没办法。"对此,孙竞华只有认了,不仅认了,更有一份妻子的理解。

"在单位里操作,在家里构想",一心扑在"桥"上的林元培,常常脱下的毛衣反了就反穿,正了又正穿。拿孙竞华的话说就是"一三五正穿,二四六反穿"。于是孙竞华就格外地费心.每逢丈夫有重要会议、外事活动或越洋出访.总是亲手为他挑选服饰,她觉得只有这样才尽了心尽了责。

在这个温馨和睦的家庭里,有一个外科大夫——他们的独生子林桦。当初,林桦高中毕业面临报考大学时,爱好公式推导和"XY"的父亲,一心想让儿子攻读理工科大学,以期日后继承自己的事业。可是,儿子却偏偏踏进了医科大学的校门。"随他去,还是让孩子走自己的路吧。"面对孩子的选择,夫妇俩的态度就是开明。

然而,儿子的职业似乎是选对了。由于长期紧张的脑力劳动,林元培精神上的压力始终挥之不去,身体状况也大不如前。1993年初夏,林元培主持一个全国性的桥梁会议,心脏病突发,一时讲不出话来。在场的人都十分紧张,马上用车将林总送回家中,请他夫人和当医生的儿子从速赶回去照看。翌日,林总感到身体好了些,便要赶去开会,夫人坚持要他先去医院看病,可是他说什么也不去医院。他的夫人急了,说要给他单位党委书记挂电话,林元培这才开了"软档",说:"好好,电话别打了,我先去医院就是了。"对林元培来说,事业就是一切。岁月不饶人,年愈花甲的林元培,身上的病明显地多起来了,有了当医生的儿子"保驾护航",人们就放心了许多。而从事计算机专业工作的林桦的妻子廖健清,也会在公公繁忙时坐到计算机前助上一臂之力。

林元培的"桥"在跨越江河的同时,也成为连接每个家庭成员的桥梁,大家都和他设计的每座桥同呼吸共命运。

"百战沙场汗流血,梦魂犹在玉门关。"在新千年的第一个春天,难掩疲惫神色的林元培,心头正奔涌着一股新的激情。他需要休息,但还不能休息。由他负责总设计的黄浦江上的又一座大桥——卢浦大桥,正在紧张酝酿施工之中。那将是一座拱型桥,一拱到底,其跨径为550米,又是世界同类桥梁之最!他还希望自己能得到设计"第九种桥"的实践机会。我们预祝他和他的同仁们为世界桥梁史再创新境界!

【补记】1993年杨浦大桥通车时,第一次邂逅林元培,后来便有了采访的安排。如今的林元培,早已是中国工程院院士了。某种意义上,一部中华文明史就是造桥铺路的历史,一桥一积善,一路一修行,桥梁大师林元培可谓公德之化身。2018年2月5日晚上,再晤林元培,年逾八旬的他神清气定,谈吐利爽,状态优于当年所见,令人甚为高兴。梅花欢喜漫天雪,彩虹飞架世界殊。时势造英雄,时势亦惜英雄,善哉美哉!

探雪

长袖善舞

莫笑我掉书袋,没记错的话,"长袖善舞"一语出自战国末期韩国大思想家韩非之笔。后面还有"多钱善贾"四个字。前后合起来,用以比喻做事要以一定的物质基础为凭借,才容易成功。

改革开放早期,莆仙人一般都不具备那样的条件。他们为了脱贫致富,改变自己命运,抓住时机,身怀某种技艺,迎着春风传送的《爱拼才会赢》的劲歌,开始了走四方的创业历程。可谓"筚路蓝缕,以启山林。"大凡良知者,都不会对他们责备求全,更不会藐视他们。

本文的主人公苏元族,便是外出创业的莆仙大军中的一员。他养过蜜蜂,我称其为"天涯追花人"。他瞧准了大城市缺医少药看病难的情状,决心办一家全科医院。可是就凭他省吃俭用积攒的一点钱,比之于办院所需资金,那真是杯水车薪。他四处奔走不舍昼夜,找钱找地皮,指间烟缕接斜阳,寒夜客来茶当酒,艰难寸心知。仅仅拿申请地皮说事,上海市区寸土寸金,简直比登天还难,求爷爷告奶奶,前前后后敲了三四十枚图章,才总算批出一块地,盖起了多层的医院大楼。上海的民营医院林林总总不下八十家,自造楼房他是第一家。为什么要自造,苏元族给出了答案:"跑得了和尚跑不了庙,有了这座庙,可以让病家放心。"医院门口落落大方地挂出"中国共产党上海宏康医院党支部"的牌子,这也是上海民营医院中的第一家。医院大堂的隔断上,"以民为天,以德为先"八个大字尤为醒目,那是他奉行的宗旨,也是他敞开的心扉。

然而,由于对民营医院的世俗偏见和当时政策上的原因,医院初始门可罗雀,入不敷出,一年下来资金缺口大得惊人。他苦闷过、彷徨过,曾经想把医院出让。这个当口上,莆仙人的坚毅精神起了作用。他想,跨出第一步不容易,不能轻言放弃而愧对家乡父老。他咬紧牙关坚持了下来。

就在他愁眉打结的时候,一个偶然的机会我和他拥在了一起。没有老乡见老乡的两眼泪汪汪,却让我对他的际遇感同身受,暗暗拿定实事求是、尽己所能伸予援手的主意。我写了专访在报上发表,后来又以新民晚报和宏康医院的名义联合举办征文比赛。评委阵容璀璨,其中有民进中央副主席、全国政协常委、著名杂文家邓伟志,有新民晚报前总编丁法章、时任总编胡劲军和后任总编陈保平,还有兄弟报社的副刊主编或主笔。上海的主流媒体,不要说与民营医院,就是跟公立医院,也从来没有这样合办过征文。相逢何必曾相识,助人不避同乡亲。据实说,笔者尚缺铁肩担道义的豪迈,只不过是认定有益于社会的正义事业就予以支持而已。

在多家媒体长期的戮力支持下,宏康医院为社会做的大量

探雪

好事善事得到了市领导表扬,批示"全市医务工作者向他们学习"。这说明得道多助,也是高明的领导者吸纳私企为民谋福祉的前瞻意识的体现。受到鼓励,他们对"增强素质,优化服务"常抓不懈。好口碑经年互递,名声随之大振。如今,医院早已被纳入了"医保",门庭若市,步入良性循环。可以"长袖善舞",以低于众多医院的收费为百姓看病了;可以"多钱善贾",参与更多的公益事业,同时使医院成为"一潭活水",根据发展需要不断引进专家名医,切切实实进一步提高医疗质量了……

"求木之长春,必固其根本。"最近,苏元族正在做一件事——立编《族训》,对族人提出了"德善智勤"的要求。《族训》里写道:"德能立品,缘结天下,恩报父母,外获欣戴,内造祥宁。善能扬良,不弃细好,不为小恶,慈待众生,宽容虔敬。智能自明,学而不厌,谨言慎行,非善勿交,非义勿取。勤能补拙,不事虚浮,摹蜂采酿,拒绝懈怠,遂至业兴。心必诚厚,气必坦正,言必守信,行必有果。""艰时图强,富日知俭。赌毒不沾,酒色不迷……"他饱尝创业的艰辛,明白守业更不容易,殷殷寄语于晚辈。字斟句酌,惟恐不周。

苏元族说,"道虽迩,不行不至;事虽小,不为不成。"不知道面前这位曾经的"天涯追花人"究竟从哪本书上采来的"蜜"。现在的他特别注重学习,令人刮目相看。又说,为人行事必须度德而处之,立家训其实不是小事,想把医院办成不败的"百年老店"就得立规矩。他告诉我,《族训》已经请书法家周德民先生用楷书写出来了,还打算让莆田工艺城的师傅刻制为匾额。看来,他很当回事。相信他能够以严格的家训加固已然形成的"以民为天,以德为先"的好院风,并让其

苏元族秉持的办院宗旨

成为世代传承的训诫。身为"中国健康医疗协会"党务工作的领头人,他把思想工作做到自己家里来了。

笔者曾经在多个与会场合陈情:地少人多的莆仙处于海防前线,长期以来基础建设特别是工业发展滞后,这是对新中国的特殊贡献。总算盼到了改革开放,人们决心甩掉贫穷帽子,离乡背井出来打拼,自食其力,也利国利民,恳请大家多多理解,对莆仙人好一些,再好一些……

从苏元族"一滴水"可以"见太阳"。外出创业的莆仙人就总体而言,因为记住了来路,记住了时代春天的恩泽,胸怀大局奋发进取,不愧是好样的!那些无视主流的飞长流短有悖公道,不屑一听。事业有成的莆仙人,迈开阔步,长袖善舞吧!

探雪

中国红

  时光飞逝,白驹过隙。2010年5月1日开馆的上海世界博览会,带着人们美好而悠长的记忆,远去了7个春秋。屹立于浦东世博园区的中国馆依然容光焕发、熠熠生辉。"那上面的'中国红'四五十年也不会变色。"喝莆田平海井水、阅尽海上千帆长大的黄银贤先生如是说。凭什么如此有把握?原来,馆色"中国红"的漆料正是由他们企业生产的。科研攻关,费尽周折,该产品获得了国家6项发明专利,从而确保中国馆"艳丽端庄,红而持久"。

  "中国红",红得热烈,红得灿烂,红得喜庆,红得深刻,红出了中国的特色自信。笔者在为黄银贤点赞的同时,也把这一抹照亮上海东方天际线的"中国红",视为莆仙企业家激情澎湃的血色,引为莆仙人彪炳五洲四海的自豪!

  黄银贤之所以这么"出色",其家族对他潜移默化的作用不可忽略。他的祖父在莆田平海就是"农+渔+商"的当地名人,而且还是外向型的,曾经把生意的触须伸到了台湾和南洋。他的父亲也很优秀,从解放初迄今,当了62年村长,德高望重,如今村上出账还要他签字呢。黄银贤继承了他们勤劳善良、务实能干、坚守信誉、睦邻爱众的品格,而他在正规学校接受的文化教育又大大多出了他们,所以能运筹帷幄,开合自如,把事业做大做强,从平地到高地,又从高地攀上高峰,实现了对前辈的超越。他们研发的"中国红"在竞标中笑到了最后,参与上海对外的特需特大项目,旗开得胜。他们生产的歺盘用漆安全、环保,通过了严格的美国FDA认证,是中国唯一出口美国的油漆。他在国内数座城市经营房地产业,开发一处做好一处,无烂尾,零投诉。他从深圳移师上海,在青浦区扎根,与时俱进创设了14幢现代化的"e通世界园区",总面积大达42万平方米,让人眼界大开,为之惊诧不已。"园区"注重管理,以科学为先导,每月举办一次入驻企业交流讲座,席间创新理念此起彼伏,撞出火花,会后排忧解难落实措施,服务到家,使园区成了提携来自四面八方的年轻人成才的加油站、助推器。他高瞻远瞩,视野开阔,已经把目光投向了健康农业……

"水唯能下方成海,山不矜高自及天。"在黄银贤唇齿之间听不到半句狂言大话,却言出行随,行必有果,一步也不曾踏空。眼下,黄银贤执掌帅印的投资集团公司,已然成了青浦区企业转型发展的成功样板,市委书记闻讯前来考察,接着来这里参观学习的,先后有多个区的党政领导。此处不说黄银贤每年缴税几个亿,不说他获得了多少荣誉,不说他有

上海世博会中国馆

几个带"长"字的头衔,也不说他多么受人尊重拥戴,只想送给他4个字:实至名归!

行文至此,不禁想到了黄银贤的祖母,那是一位忠于持家职守的大好人,其言传身教的收获是,把贤良明理的因子传递给了子孙后代。老人家一生从未离开过平海,活到了106岁,2014年才仙逝——好家风兴家又养寿啊!这家风中的传统"中国红"无疑是:感恩与回报,尊老与爱幼。黄银贤将此引进了他的企业,故而企业风清气正,崇尚家国情怀,不断为社会和谐添砖加瓦。值得一提的是他的慷慨,爱才如爱子。他说:"一人富裕难踏实,共同富裕才心安。企业凝结着大家的心血,我怎么能忘乎所以、个人独福呢?"为了解除随他从深圳大老远来到上海的骨干员工的后顾之忧,在易地创业伊始、资金并不那么充裕的情势下,硬是"挖出一块"来,及时给他们每人购置了一套百把平方米的房子。人非草木,孰能不领情铭恩?此举带来的连环效应可想而知,无需赘述。

上海世博会红耀世界的中国馆,见证了一段中国人豪迈与辉煌的岁月,也见证了黄银贤前行路上的执著与精彩。企业家存在的意义,不在于"公立"和"民营"的属性,而在于其格局的大小,在于他对国家的切实贡献,尤其是在供给侧深入改革的当今。多年来,黄银贤见微知著,以满足社会需求为要务,凭胆略和智慧合理布局,脚踏实地,攻坚克难,走出了一条康庄大道。他,不就是光彩炫目的"中国红"吗?

探雪

铃印桂圆担道义

国庆前夕,我应邀前往松江造访了老朋友郑国发,是他的人格磁铁把我吸引过去的,也是桂圆的"媒妁"情缘还在延续使然。

车子由国发亲驾,在一个明媚的广场上缓缓收住了脚步。国发指着醒目的店招说:"这就是新开的店……"我凝视着"工芫黄金"四个大字,窃喜并钦佩:这家伙把事业搞大啦,企业的"含金量"一年比一年高了。大十几年前,他做了一件史上莆仙人从未做过的事——在每颗商品桂圆上加盖自己的名章,市井交口赞赏,信誉随之而来。这件事,征服了当时以捕捉新闻为天职的笔者。而今他已"修成正果",事业节节攀升并向黄金珠宝行业辐射,实现了主次分明的多元经营。

从木兰溪畔仙游一个偏僻贫穷的小村落来到大上海,人地两疏,白手起家,所历艰辛可想而知。郑国发起早贪黑,从摆地摊开始,不弃涓滴,聚沙成塔,硬是在几年时间里还清了

家里的十万元债务。要知道,改革开放早年,这可是个天文数字!诚可谓,有志者"可上九天揽月,可下五洋捉鳖。"

  这金碧辉煌的"工芫黄金"店,开在松江新区的最佳地段。公司取名"上海工芫",芫花淡紫可人,具观赏价值,与其主营之工艺精湛的黄金、钻石及各类珠宝首饰的文化品位相吻合。谋定而为,独树一帜。公司不仅有着数字化的科学管理,还有着系统化的培训体系和高端人才储备,加上创新的经营模式,无可避免地决定了它正与品牌结缘。这应了一句话,莆仙人要嘛不出手,要做就做最好的!"立足上海,面向全国,志向世界。"——此乃他们的既定目标。潜力无限,收获可期。

  人之大善体现于把国家揣在心上,不忘济天下。"上海工芫"公司秉持"成就共享、同心共享"的宗旨,把"为客户创造价值"定为企业文化的全部。国发正在通过工芫黄金店发

探雪

起一个极其温馨的"寻找有缘人"活动。其具体做法属于企业机密,不便细表。他向我打了一个很形象的比喻:"……好比吃甘蔗,我只吃梢和头,把中间一大段留给从四面八方加盟的人吃……"我一听便了然,其目的是为年轻人提供不设藩篱的平台,解决他们就业难、创业难,分享国家创新、发展的成果。笔者分明感觉到,这样的善举底下奔涌着一股大爱的热流!

郑国发值得称道的品格在于懂得感恩,感恩国家,感恩时代(这是当今莆仙企业家的主体意识);在于志存高远,发奋图强,脚踏实地,不满足于一时一事之成,落落大方,不屑于"同室操戈"之内耗;还在于以诚为本,恪守信义,以诚信经营为荣,以弄虚作假为耻,决不做有悖良心的事儿。

既往有些年份,市场上充斥冒充莆田桂圆的劣质桂圆。更有甚者,据新民晚报等媒体报道,个别所谓"桂圆"根本就不是桂圆,而是貌似桂圆的某种干野果,上海有人因误食而酿出中毒祸端。为了莆田桂圆的声誉,也为了消费者的健康,国发挺身而出,在全国率先给莆田桂圆注册了商标。还放心不下,遂拿定主意在他经售的每颗桂圆上钤以自己的名字,以示品质保证,由此传为佳话。

梅花临寒香如许,勇担道义铸品牌。国发在上海滩南货行业开创了一片清风飘荡的新天地。有同行眼看他生意的市场份额逐渐做大,一时未能调整好心态,于是想方设法挤对打压,他没有退路,不得不奋起抗争,捍卫了公平竞争原则和人之神圣尊严,彰显了血性男儿的铮铮铁骨。这里顺便说两句:

106

上海市场好比太平洋,足够大,容得下你我他,"八仙过海",完全可以自行其道,各谋发展。莆仙乡亲在外创业都不容易,万万不可忘了自己的来路,应该和谐相处、相互关照才是。恶斗则伤,礼让则双赢。君子理当大度,成人之美呀!……

1985年,中国散文学会、上海作协和新民晚报联袂为我举办乡情散文研讨会,与会的是来自全国各地的专家学者。贵人不远千里而来,总要略表心意吧。送些什么好呢,一时让我犯愁。想到我的所谓成名作是《桂圆情》,跟时任福建省驻沪办事处副主任肖金通大哥促膝商量,决定以莆田桂圆相

左:本文主人公;右:本文作者

探雪

赠。老肖一个电话,国发欣然答应,送来的每颗桂圆上他的名字皆赫然在目。一脉信义,几多乡情!有文友笑曰:曾老师不放过一切机会为家乡做广告。也对,会上我介绍了莆田桂圆的特点,尽管时间篇幅不大,其美味已然沁入嘉宾肺腑。当时和现在我都这么想,多亏了热心人国发成全!桂圆乃"智慧果",曾经滋养、成就了多少莆仙人,也正是桂圆为媒,架设起我和国发之间的友谊桥梁。

　　士别多载,当刮目相看。当初不厌其烦在一颗颗桂圆上盖章的郑国发,如今身为仙游商会会长,事业有成且欣欣向荣,家庭兴旺且其乐融融。让人更为折服的是,坚持看书学习"充电"的他,把做人心得和"生意经"上升到了理论层面,开阖自如,深入浅出,言之有物,令人如坐春风,获益良多。行将告别之际,他略作沉思说:"社会风气的净化要每个人从点滴做起。'生意人'首先必须是一个'生义人'。只有讲求道义、充满信任的社会,才是一个有安全感、有幸福感、有温度、有希望的社会。"这无疑是一种注重修养而来的境界,非一蹴而能就也,昭示着整体莆仙在沪企业家的人生价值取向。对与时俱进的"莆仙系"而言,曾经的世俗尘埃何所惧,是金子总要发光!

本家真喜欢

乡贤

他跟我一样,一样的姓曾,口音也一样的很莆田。

曾奇芳说:"我接待新客户时,往往不急于发名片,而是先报个名字,说自己叫'真喜欢',人家一听就乐了、就记住了。"巧借谐音,轻松,有意思!我笑着问:"那你名片上印的什么名字?""名片当然用实名。"他顿时露出格外认真的神情,"父亲起的名字是不可以随便改动的,这个神圣的符号将伴随我的一生。"

从莆田海边秀屿区山亭乡西前村走进大上海,正年富力强的他,已经是13家公司的股东,合伙人逾百,遍布大江南北的客户都忘不了这个"真喜欢"。

真喜欢好比一台马达,不停地运转,为他输送动力。初始,这个动力兑现于埋头苦干、一门心思追求意中人上。曾奇芳表里如一、率真坦荡,对此从来不予回避。

上小学时,曾奇芳就卖过糖果、冰棍,为家庭分担困难。

探雪

但他并不觉得苦,曾经也是一个追风少年,在走向学校的池塘边留下了几多欢声笑语。可是天有不测风云,五年级时父亲不幸因车祸丧生,是时母亲只有36岁,他刚刚12岁。顶梁柱坍折了,全家哭作一团。亲朋好友哀叹:"这可怎么办哪。"读上初中,悲痛有所平复,曾奇芳打开新课本刻苦汲取知识的同时,也打开了他懵懂的情窦,爱上了同班一位文静好学的女同学柳忠英。尽管他学习成绩优异,还是班长,终因经济拮据只读到初中毕业便中止了学业。曾奇芳是长子,下面跟着两弟一妹,全靠务农母亲一人的微薄收入维持生活,其困厄程度可想而知。家贫出孝子,担待不在年高。曾奇芳暗暗发誓:要像个男子汉,撑起这个家!

1993年,17岁的曾奇芳揣上伯父给他的两百元钱闯荡上海滩,投亲靠友,学着做起木材买卖。住的是四面透风的简易木板房,吃的多为速泡面。每天骑着自行车跑建筑工地推销,屁股也磨出血来。有时在外实在饿得不行,只好买个面包就着水龙头的水艰难吞咽……

曾奇芳始终忘不了意中人瀑布般的黝黑长发和羞红的脸蛋。每天晚上,再苦再累,有个"功课"必做:给母亲和对方写信。有一天运气好挣到了六十块钱,他连忙向她们报告喜讯。他的真诚与执著,让柳忠英的芳心蓄满了感动和憧憬,虽然远隔千里,少了花前月下的缠绵,不妨碍她为其垂下万缕如柳情丝!诚可谓:只要心相随,又岂在朝朝暮暮!

随着上海的发展,到处是催人奋进的打夯声,建筑工地对木材的需要量有增无减。他终于在亲友的协助下,独立做成了几单生意,明明白白赚了十万元。三年后,他鼓足勇气上门提亲……曾奇芳之所以能以苦为乐,风吹雨打不动摇,就因为有了对意中人的真喜欢。

"有情人终成眷属",算是苍天给予他的慷慨弥补。真喜欢的动力愈发强劲,逐渐上升到了一个目光辽阔的大境界,促使他的事业风生水起、节节攀高。

曾奇芳真喜欢他做的事业,不断努力充实自己的工作经验和专业知识,立足上海,面向全国,矢志奋斗不懈怠,以"诚信赢天下"的理念为准则,一步步走上了致富之路。2010年,成立了上海志亿建材有限公司。笔者注意到了这"志亿"二字,其意味不言自明。曾奇芳密切关注市场变化,谋定而动,2015年至2017年,又先后创办了莆田冠林木业公司、陕西汉中丰胜花木公司、深圳中赢红木公司、江苏张家港陶元帅瓷砖公司、上海松江游乐场、上海"上大1号俱乐部"……这么多的公司企业,都是真金白银投资的呀,足见他具备了实力。

从单一的原木买卖,到在黑龙江、吉林、辽宁、山东、江苏、浙江等地开设木材加工厂,为市场提供全副家具和各种建筑装潢材料,还可以满足客户选料定制的要求。从日复一日亲自出马兜揽生意,到四通八达具备完善的木材销售渠道,大小客户近悦远来。就这样,曾奇芳下活了一盘棋,收获了一个又一个预期。

因为"真喜欢",他在摸爬滚打的实践中增长了才干,同时积聚了宽泛的人脉资源。因为"真喜欢",他办事不越规,做人不独乐,确立了贡献社会的企业价值观,将更多的优质

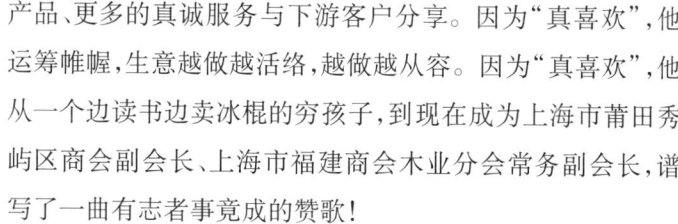

探雪

产品、更多的真诚服务与下游客户分享。因为"真喜欢",他运筹帷幄,生意越做越活络,越做越从容。因为"真喜欢",他从一个边读书边卖冰棍的穷孩子,到现在成为上海市莆田秀屿区商会副会长、上海市福建商会木业分会常务副会长,谱写了一曲有志者事竟成的赞歌!

我说:"你简直是三头六臂,左右逢源。"他说:"是时世给了我机遇。其实,我多数在台后,让大家登台跳舞,往往只起到承上启下的作用。我愿意做团队的'开心果'和黏合剂。合作伙伴风雨同舟,跟着我打拼了二十多年,做木材、做钢筋,又做建筑模板、园林防腐木,一路不离不弃,团结如初,也许是我平时注意善待别人发挥了效应。"停顿了一下,又接着说:"贤内助的理解、关心、给力,也非常重要。打理财务、操持家务全靠她。"家和万事兴啊!我点头称是的同时,想起了军功章的一半和另一半。

曾奇芳凭着与时俱进的拼搏精神和非凡的捭阖能耐为上海莆田企业家争了光!他有一个心愿:通过创办"俱乐部"这个公益平台,让沟通平方、立方起来,更好地凝聚上海莆田企业家的聪明才智,实现资源和谋略共享,戮力同心,取长补短,乘上时代列车创新圆梦。曾奇芳从信息、资金、人才等方面,为创业伊始的乡亲提供服务。迄今为止,俱乐部已汇聚了52位自愿加盟的股东。曾奇芳不无动情地对我说:"这样利国利家,何乐而不为呢?"

回到家庭话题上来。作为长子的曾奇芳,扛起了父亲未竟的职责,像模像样撑起了一个家。他对母亲和弟妹关爱有加,互尊互敬,其乐融融。母亲为之喜上眉梢,说:"这个比你给我买任何营养品都好!"弟弟在外创业有困难,他尽自己所能为其排解。新楼房造好之后,他让弟弟先挑……结婚时他就对妻子有话在先:"我母亲真不容易。她少了文化,讲话直来直去,哪怕说得不对,你也要忍着,不能顶嘴。请你记住并配合。我总是帮母亲的……"妻子柳忠英轻轻地点了点头,回他说:"你尽管放心吧。"每年他回乡探望母亲不下十次。春节返乡总是不忘带上孩子访贫问苦,并奉上心意。他说:"只有感恩相承,家庭和事业才能兴旺不败。"千金易得,如此顾家的男人难觅啊!在两人牵手休闲一起看日出的时候,柳忠英的眼眶里盈满泪水,说:"奇芳,我下辈子还嫁给你!"……

笔者很欣赏曾奇芳的两条感悟。一条是对爱情的:爱一个人,其实并不仅仅只要内心喜欢就可以,你必须成为生活的强者,你才有喜欢的资格;一条是事业层面的:人在做天在

曾奇芳忙里偷闲亲近自然

探

雪

看,人做好了,愿意帮助他的贵人就会越来越多,生意就可以越做越大。曾奇芳不尚空谈,言行一致,这两条他都做到了,还将一如既往切切实实做去,决心做得更好。

曾奇芳,我真喜欢,不仅仅因为是本家!

云里风的确不是风

乡贤

有的人光说不做,抽象如风;有的人守诺重信,沉实如钟。

云里风不是风,他属于沉实、儒雅的那种人。云里风是马来西亚华侨中在商界、教育界和文学界均有过人建树的"三栖明星",是一位切切实实爱"唐山"爱家乡的模范侨胞。

从云里风手头出发的美事善举,如同一簇簇鲜花绽放在莆仙大地上,摇曳多姿,博取日月星辰眷顾,使得云里风既引人注目又可以触摸,的确特具质感。为推动莆田市文学创作的发展与繁荣、全市基层校园文学的铺展与茁壮,他身体力行,坚持不懈地输送正能量,从未吝啬过精神层面的鼓励与资金方面的支持。莆田市云里风文学奖有声有色,经久不衰,迈过了一个个春秋的门槛,而他从未放弃过回乡颁奖交流的机会。这回他又远涉重洋回娘家,专为第21届莆田市云里风文学奖而来。其情之真,其心之诚,令人不由在感动中为之折服。

顷接侄子少敏临时奉报社"三湾潮"编辑之命约我撰稿的通知后,我掐指盘点,据不完全统计,云里风在全市上下设立的文学奖项共为4个。其中有上述莆田市云里风文学奖,还有全市范围的校园新人奖、他母校仙游一中的金石文学奖、他生养之地华亭园头中学的"育苗助长"教学奖。所有的奖项都言出行随,所有的承诺都一一兑现,从不开空头支票。

对云里风这个名字,我曾经费过一番思量:是否与他当年为了生计背井离乡、浪迹天涯的心绪有关?抑或与他向往超凡脱俗、自由自在的追求有关?抑或是两个因素形成的作用合力使然?究竟如何,我没有再想下去,也不曾问过他本人。不管是云裹着风,还是风夹着云,这名字给人的感觉未免有点浪漫。

其实,他鲜明的特点并非浪漫,而是脚踏实地。生意要一笔笔去做,学校要一天天去管,文章要一字字写出来,总得亲力亲为,自然懈怠不得。云里风不愧是一介智者,处世中"学会弹钢琴",懂得轻重缓急,有所做有所不做,这才成就了自己,有益于社会。除了在奖励文学上花力气,再看看他历年来为老家做的事。园头村的"改路、改水、改电"需要华侨捐助,他总是表率在先,然后在华侨中挨家挨户做好宣传工作,广集资金。有人为此赞曰:他的心炽热如天上日,他的脚勤快似云里风。

云里风与我父辈同龄,对我却平易无间,和蔼有加。记得那一年我们俩不期在家乡园头邂逅,他主动张开双臂跟我拥抱,亲亲热热,一见如故,俨然长者风度。他说几年前就听朋友介绍过我,后来又看到我为园头母校的校庆纪念册撰写的序言,早已神交,今才体会后生可畏……寥寥数语,说得我有点不自在,但一下子把两颗心拉近了。

他很风趣。在木兰溪畔拍照的时候,他关照摄影师,一定要把背后那只长胡子的老山羊摄入镜头。他说,羊吃青草是吉利的图腾,可以使我经常在梦中看到家乡亲人。还有一幅照片是在园头大桥附近拍的,他拉着我站到龙眼和甘蔗的交界处,说龙眼和甘蔗是我们园头村的特色,龙眼是甜的,甘蔗是甜的,兼得两者之甜,蕴含我们相见非常甜蜜之意,并且预示着大家会交好运,今后日子会越过越好。

那回相逢之后,我就很想再见见他。2001年秋天,云里风应邀出席在南京举行的华文研讨会,会毕又被"拉"到上海参加儒商学术会议。这是一个极好的机会,在上海工作了三十余载的我,理应尽一次"地主"之谊,遗憾的是他来去匆匆,真像云里风似的,当天下午到,第二天清早便"飞"走了。我受命采访在外,无奈只好失之交臂。他在电话里对我说,阿沧,后会有期,明年元宵节家乡见,弄得我心里痒痒的,从放下电话之时开始,就在期盼明年的元宵了……

云里风曾在马来西亚华文作家协会主席职位上担纲过近二十个年头。冰心、萧乾和郭风等文坛老前辈,对他长期以来为发展海外华文创作及促进我国文艺界与海外华侨文学界的交流与合作所作出的不懈努力,给予很大关注和高度评价。我所拜读过的他的文章,多为漂洋过海而来,因获之

探雪

不易而格外珍惜。深刻的印象中,有些作品表现手法颇为传统,字里行间散发着浓郁的生活气息,我总觉得这与他小时候喝家乡水、吃家乡的"智慧果"龙眼不无关系。尽管他的书面语言与我们有点差异,但是他那具有张力的笔触,体现的是同祖同宗的气质。

云里风原名陈春德。从陈家到我们曾家,我曾用脚丈量过,只有一百七十八步之遥,可以说是近邻了吧,因为都喜欢纸上耕耘,我们的心则更为贴近。然而,他那"三栖"的本领,我是望尘莫及的,只有赞叹的份儿。

如今,云里风已逾八十高龄,拿他的话来说"已淡出江湖",实际上他还担任着当地同乡会"兴安会馆"的顾问,他又顾又问,何曾停歇清闲过?而对家乡莆田之爱恋,更是与日俱增,并一如既往地付诸行动。他对莆田各项文学奖的斥资总额,比初始翻了翻。这无疑是一种激励,又是一种引领。于是,在"文献名邦"的另一条木兰溪里,有了手写汉字演出的涟漪舞蹈,有了电脑键盘敲响的浪花细语,出现了犹如春水上涨、鲤鱼抢滩的喜人景象。

奖事灼灼,丹心拳拳,扶掖了一茬接一茬的文学新人。历久弥美的不朽汉字和不绝如缕的乡愁,牵起了千万里之缘,架设了飞越重洋的桥梁。目睹他的实绩,感受他的热情,品味他的为人,我脑海中浮现出一个清晰的概念:云里风确确实实不是风。

乡贤

名师情怀洁如许

> 受到文章主人公的感召,恰巧他又姓"许",故开笔之前便想及先贤朱熹"问渠哪得清如许"的佳句,遂先以此题相许。
>
> ——小序

每逢教师节濡染着桃李散发的芬芳,沐着霞光踏歌而来的时刻,我都会想起一位老师。尽管他的学生花名册上并无我的名字,但是我精神上长期接受其师德的浸润,一直佩服他的学养。这位老师就是远在福建莆田的名师许更生。

"更生"之名很时代。他与我都经历过20世纪60年代国家困难时期,也都涉过非常十年的险滩,由于坎坷的锤锻而"更生",格外珍惜春回大地的每一个日子,珍惜为职业之树添缀绿叶的每一个契机,无怨无悔,日夜兼程。

立志在坚不在锐,成功在久不在速。漫长的36载教师

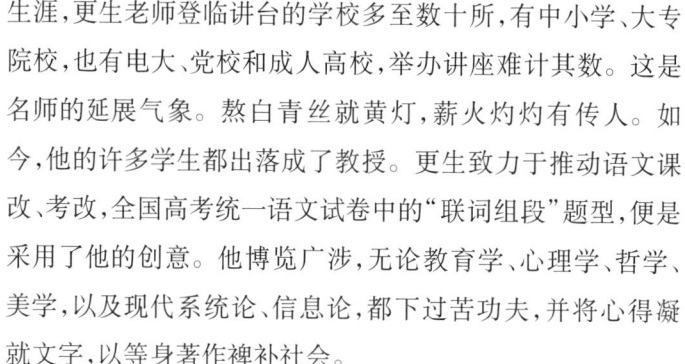

探雪

生涯,更生老师登临讲台的学校多至数十所,有中小学、大专院校,也有电大、党校和成人高校,举办讲座难计其数。这是名师的延展气象。熬白青丝就黄灯,薪火灼灼有传人。如今,他的许多学生都出落成了教授。更生致力于推动语文课改、考改,全国高考统一语文试卷中的"联词组段"题型,便是采用了他的创意。他博览广涉,无论教育学、心理学、哲学、美学,以及现代系统论、信息论,都下过苦功夫,并将心得凝就文字,以等身著作裨补社会。

2001年初夏,我接到一封莆田教师进修学院来函,拆阅方知是一份语文试卷及标准答案,还附信征询我的意见,署名"许更生"。原来,他受命为莆田市初升高的语文试卷出题,为接地气,选用了我寄寓乡愁的散文《桂圆情》,提出16个问题让考生回答。我随即回复,明确表示:"当初我没想过那么多,就照您的意见办吧。"从此,"许更生"三字便成了横竖于我脑际的榜书。后来,我乐见他被全国中文核心期刊《语文教学通讯》《中学语文教学参考》选为封面人物,又从刊物的推介中喜悉他乃是全国优秀教师、福建省特级教师。难怪其行文没有赘笔,办事那么的一丝不苟!

岁次在日月轮回中更迭,我对他始终停留在心仪神交上,但却听到关乎他的许多佳话。有件事深勒记忆,那是他与女儿之间的一场"冲突"。其爱女亦为一位事业有成的出色教师,应学生家长要求,准备在家开设补课班,未经商量就置办了一张颇为气派的台子。更生见状,结结实实批评了女儿一顿:"国家没有让我们缺钱,必须把精力花在备课和课堂上,清清白白当个好教师,不可随波逐流,只看到鼻尖下的一点小利……"那张被父亲一怒之下掀翻的大台子就这样"失业"了。女儿遵父训潜心学校教学,遂成为省骨干教师、市中青年学科带头人。家规严明,萧墙生辉。朋友相告,他对履职于香港廉政公署的儿子,不经意间背后会夸上两句。

许更生得益于"教师世家"的熏陶,后辈也不负其良苦用心,更有满天下的桃李。教师是"人类的领行力量",不可或缺。曾经有人问我孔子和诸葛亮有没有老师,记得我是如此回答的:"可能无'常师',但拜能者为师、善于学习是肯定的。"人得良师,当引为大幸。教师节的设立契合社会文明的铸魂规则。节节推进,春光无限!

去年春夏之交,更生老师将去省城福州发挥余热上语文示范课前夕,我获得机缘拜访了他。乡音盈屋,一见如故。"许老师称自己为'卧槽马'。"在更生把新近出版的皇皇巨著《妈祖研覃考辩》递给我的当儿,陪同的舍侄曾少敏插话,"厚积薄发,这几十万字的专著是他业余研究妈祖文化30年的心血结晶,退休后花了近4载才写成,经香港《文汇报》《福建日报》等十余家媒体发布,在国内外不胫而走,给海峡两岸深入研究妈祖文化注入了正能量。"家乡文友赋诗点赞:"红烛迄古稀,孜孜为考证。不计得与失,秉节索本真。"是呀,教师有"节",社会责任常搁于心,才会赢得永不凋谢的尊敬。

他讲得实在:国家教育改革有待高人掌舵走出迷津,而教师握有人生方向盘,不能重利轻义往有悖良心的道上走。我们就是努力做好自己,恪守神圣职责——教书育人。脚印

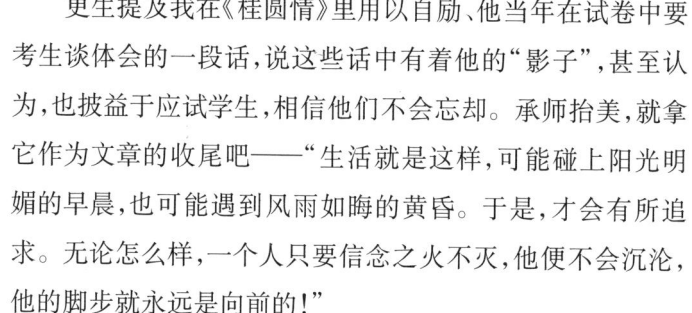

深浅可寻,情怀高洁如许。

更生提及我在《桂圆情》里用以自励、他当年在试卷中要考生谈体会的一段话,说这些话中有着他的"影子",甚至认为,也披益于应试学生,相信他们不会忘却。承师抬美,就拿它作为文章的收尾吧——"生活就是这样,可能碰上阳光明媚的早晨,也可能遇到风雨如晦的黄昏。于是,才会有所追求。无论怎么样,一个人只要信念之火不灭,他便不会沉沦,他的脚步就永远是向前的!"

去看你的那天细雨蒙蒙

乡贤

金松谢世,凄愁猛袭于我,过月余,心结才有了缓解,终于可以援笔忆旧述怀了。何以至此,乃因彼此结交深远,已然形成融汇意绪的一片海。在这片海域,金松那只船有许多重物尚未卸下,我这只船与其相系,也吃水深深。

昔日的李白与汪伦,只不过一次邂逅,那"深千尺"是诗人浪漫出来的,而你我之情是经过千个、万个、无数个文字的粘砌、累积而成的,坚坚实实,犹如在地下牢牢地承载着广化寺高塔的那块硕大无朋的磐石。

许多年之前,你隐去报社编辑身份,以朋友名义,未发预告就携上妻子去我家乡华亭探望我的父母。父亲回忆,这是他"第一次握上城里人的手"。这一握传递的亲切,久久温暖着我父亲的心。事后你才对我发表观感:"你们这个村庄真的很好,先绕绿水再绕青山,水脉蜿蜒东去,山脉有散有聚,布局、交代都条理清晰。"文人,三句不离本行!你情牵职守,

探雪

心中很大篇幅装的是文章和墨友。偶尔,由于结稿急促,我交付的稿子文脉有阻,"交代"也有所欠缺,你就在莆田电话那头向我建议,这句删掉为好,这里应该补上两笔,那里好像还可以再抻一抻、铆一铆,不倦云云,执著得似唐僧取经,真诚得让人倍增敬意。

我于今年四月初返莆,来去匆匆,看的第一位朋友就是你呀!在你住处弄堂口一爿花店,我按店主的开口价选购了一盆兰花。我看中陶盆上"春归花不落,风静月长明"十个字。问你此联出于谁手,你不假思索脱口而出:"现代书法家张仲黎,河南人。"我不由眦目圆睁,惊诧于你的博闻强记。

念故人,思悠悠。记得上世纪90年代肇始,《湄洲报》上刊登了陈光铸先生介绍我的长篇文章,你看到后就主动与我取得联系。你知道我跟老前辈郭风好,爱屋及乌,遂将我引为朋友。从你主编副刊起,每一个新年伊始都会给我遥寄约稿函,让我难拂盛情。有一次,我的文章见报时出现了个把错别字,你居然会在来信中当作回事提及,并向我表示歉意。我也在报刊文艺平台供职,金松的认真触动了我内心最深处。这么好的编辑,天底下难找啊!

郭风老逝世后,你刊发了我的《从凤凰山到凤凰池》(凤凰池,福建作协所在地)。在冰心文学馆馆长王炳根等多方人士的戮力捭阖下,郭老身后又从福州凤凰池回到了莆田凤凰山。你即时捎来消息,对我说:"……树高千丈,叶落归根,郭老画了一个大圆,真的很不容易!"

人生谁不在"画圆"?有时画圆的笔会被无形之手突然

拽住。数年前,你就病危住过医院。莆田学院附属医院院长林海滨接到我紧急求助电话后,不考虑同行会怎么想,迅即把你从另一家医院接了过去,精心医护,才将你从死亡边缘拉了回来。其"救人要紧"的爽快话语,义无反顾的高尚医德,感动的不仅仅是你们一家人。

这次你旧病骤发,回天无术。噩耗碾来,灯骤暗,心如铅。想起"积郁成疾"的箴言,我未免要追问:老朋友啊!你退休后的日子过得是否舒坦?凭我所察,你心有翳云,挥之不去。你似乎高估了"莆田九牧林"遗存的文化价值,把守护(林金松系林氏宗族世代轮值的守坟人,与林默娘、林则徐同属于"九牧林"血脉)它的声誉看得太过重要,所以才得理不肯相让,始终无意在某个角落里与恃强者举杯言欢——这种情形在早前写文人气节的书上才会有。老朋友啊!你明明不是京剧角儿,却不想擦掉红色脸彩,这样的自尊与坚守,只有志趣投合的诗社同道才理解,只有你家那棵经受数百载风雨、无奈易地苟活的龙眼树才能犀通一二。

乌石故宅度寒暑,金质表里真松树。耿介一生堪立表,嫁衣万件可修书。憔悴龙眼今犹在,故地回望瘦月中。问君能有几多愁,恰似木兰溪水向东流。

那天,你手抵书桌起身相送,告诉我"正在写一本关于刘克庄的书"。克庄何为者?莆田养的南宋诗杰,写《落梅》诗而含冤获罪,坐废乡野长达十年。金松选择这个不无沉重的题材,隐现着潜意识因素。金松啊,你完全不必拿他比况,你并无把柄贻人。你一生来去分明,对不义之财从不动心,如

探雪

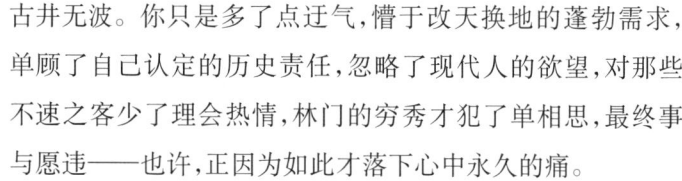

古井无波。你只是多了点迂气,懵于改天换地的蓬勃需求,单顾了自己认定的历史责任,忽略了现代人的欲望,对那些不速之客少了理会热情,林门的穷秀才犯了单相思,最终事与愿违——也许,正因为如此才落下心中永久的痛。

我与你对视良久,而后说:"届时一定好好拜读。"想不到这竟成了我与你最后一次有着真实生命意义的对白。不知道你已经写到了哪一章哪一节,就这么撒手走了,你欠了莆田一笔文债呢。你抛下九秩老母、贤妻爱女,抛下这么多喜欢你的朋友,自顾自"赴西天取经"去了——其实,乾坤日见清朗,这世上还是有"真经"可取的呀!

金松你还记得吧,给你买兰花的当天,下着蒙蒙细雨……

足迹

探雪

足迹

有一场雪,在我心域无尽期地飘舞,越飘越有气势。

毛泽东的《沁园春·雪》,语珠律动着乐感,气韵渲染着画意,写景横括万余里,论史纵贯数千年,浪漫与记实交织成艺术的瑰丽。

抗战结束后,国共是和?还是战?中国向何处去?巨大问号翻腾在所有关心国家命运的人们心头,种下了几多无眠。1945年8月28日,毛泽东"以百姓之心为心",不顾安危远赴"鸿门宴",飞抵重庆与蒋介石和谈。好在民心左右时局,毛泽东安然无恙。

逗留"雾都"之际,毛泽东将《沁园春·雪》书赠那里的进步文化人。他离开后,此词几经转手,于1945年11月14日在重庆《新民报·晚刊》首度公开见报。一石千重浪,反响沸然。蒋介石出于政治盘算,在国民党内部暗发通知,明令能写诗填词的国民党员都做一首,挑出所谓上乘之作以他的名

探雪

义发表,欲"比垮"毛泽东,结果无一可登报的像样作品。无奈之下,利用操纵的报刊发表了近三十首钦定"和词",对"雪"词进行围剿,极尽攻击诽谤谩骂之能事,回过头来暴露了蒋氏根本没有和谈诚意可言。

磊落词章千古事,长风浩荡到如今。自从接触、品味了《沁园春·雪》,这雪呀,就在我心中盘桓,越来越有风采。

今年6月的陕西之行,最高兴的莫过于对"雪"的意外收获。这期间,我结识了一位白姓大姐。友人事前相告,毛泽东的《沁园春·雪》就是在她老家窑洞里写的。于是,在访谈中我循着"雪泥鸿爪"执著地走向雪原深处。

1936年1月底,毛泽东率红一方面军从瓦窑堡出发,开始了旨在东渡黄河开辟新区、移师对日作战的东征。2月初,进入榆林地界,来到清涧县袁家沟。毛泽东借住在当地农民白育才(白大姐爷爷)家,紧张谋划东征之事。正当红军准备渡河的那两天,陕北大雪漫天,"望长城内外,惟余莽莽,大河上下,顿失滔滔"。毛泽东情随景生,抚今追昔,写下了这首文采斐然、气势磅礴的诗词。也就是在这户农民家中,拟定并公布了《东征宣言》。

《沁园春·雪》首发报纸《新民报·晚刊》正是我们《新民晚报》的前身,而察其源头白家的窑洞也有功劳呀。想到此,一股激奋之情涌动于心,我问大姐:"怎么会选中您家?住了多长时间呢?"

"前后16天。"大姐平静地回答,"组织上让我爷爷和三爷(爷爷之弟)安排落实。咱家乡是老区,户户有红军,家家有忠骨。我父亲1930年12岁参加革命,当过陕北绥德地委书记(接任习仲勋)。我就出生在绥德。三爷参加革命就更早了,后来他俩都投身于抗日东征军行列。爷爷翻身感极强,哪怕掉脑袋也要支持革命。这样的农户你说可靠吧?再有,我家窑洞所处位置也比较理想……"

白大姐的三爷白栋材,上世纪70年代担任过江西省委书记。父亲白治民原为福建省委副书记,后调任中组部副部长直至离休。

她所知道的,正是我想了解的。我一心探雪:"白大姐,能不能再说说当年毛泽东写'雪'的情景?"

"我父亲对1936年那场大雪记忆深刻,那阵子他第一次回家,警卫因不认识而不给进,还要我爷爷出门认领呢。"白大姐努力集结着她所传承的一切,放慢了语速,"我从小就听长辈讲述。毛主席一住进来,我爷爷就腾出家里的小炕桌给他办公。主席写诗用的是陕北土产的白麻纸,写好之后又自己吟诵。桌面上还留下主席点蜡烛、摁烟头的痕迹呢。主席非常专注,警卫员送去我奶奶拿干馍片做的夜宵都无心吃。"稍停,接着说:"我爷爷农民一辈子,临终嘱咐娃们要珍惜小炕桌,记住毛主席在咱家中为穷人做的大事……"这张小炕桌现今陈放在延安革命纪念馆里。它小,犹如红军东征强渡黄河号角的一个音符;它大,因为承载着"千里冰封,万里雪飘"。

"我和《沁园春·雪》永远是零距离。"白大姐的心声流露出自豪,那是一位剑胆琴心的高人对一场大雪的特殊解读、

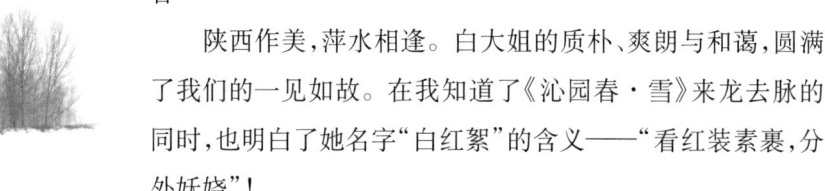

探雪

对中华民族美好未来的深情呼唤赐予她的。说完,动情地朗诵起来。此时此刻,我仿佛看到窑洞中的小炕桌和轻轻摇曳的烛光,听到寒夜里一阵搓手过后往桌上铺开稿纸的声音……

陕西作美,萍水相逢。白大姐的质朴、爽朗与和蔼,圆满了我们的一见如故。在我知道了《沁园春·雪》来龙去脉的同时,也明白了她名字"白红絮"的含义——"看红装素裹,分外妖娆"!

搂定宝塔山

足迹

车子向延安市中心驶去,远远就听见了腰鼓声。下车伊始,司机便告诉我们那个欢天喜地之处就是延安广场。节奏明快、音色雄健的腰鼓,让人精神为之一振。啊!这就是延安,这就是"新中国的奠基地"延安。

延安声名如雷贯耳,早有一睹它"红"颜的念想。今年五月下旬,在观赏西安世界园艺博览会间歇之际,同伴胡建勇对我说,老布尔什维克(笑指他身边的母亲)想去看看延安,从这里过去四小时左右车程足矣,怎么样?一起去吧。正中下怀呢,我按捺不住喜悦。

驱车过唐人折柳赠别之地灞桥,出未央北上,越靠近延安心情越迫切。我们在车上便电话联系"窑洞宾馆",被告知那里的客房早在一个月之前就预订一空。原来,享受太平盛世阳光的人们没有忘却既往,延安正"热"着呢!

车子折进通往延安城的高速公路口,但见右侧山梁上横

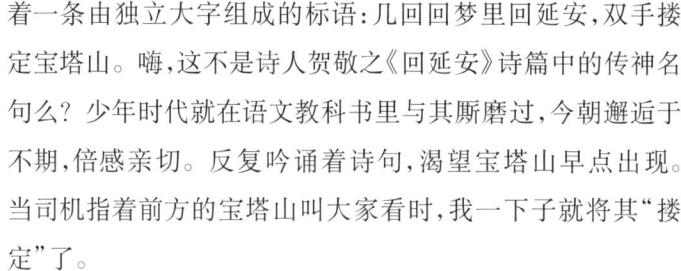

探雪

着一条由独立大字组成的标语:几回回梦里回延安,双手搂定宝塔山。嗨,这不是诗人贺敬之《回延安》诗篇中的传神名句么?少年时代就在语文教科书里与其厮磨过,今朝邂逅于不期,倍感亲切。反复吟诵着诗句,渴望宝塔山早点出现。当司机指着前方的宝塔山叫大家看时,我一下子就将其"搂定"了。

在延安地界,公路两旁不时有贴坡斜墙掠过车窗,墙面上或点缀着铁锹犁耙图案,或嵌着小米南瓜装饰画,散发着源自南泥湾的气息。它们翻开了延安的当年,将我们的情绪"预热"至与艰苦奋斗的延安精神相榫接的层面。

双脚轻履宝塔山下的土地,亲拥我们的是热情奔放的腰鼓。这腰鼓曾经无数次鼓舞了抗日救亡的延安军民,穿越时空,而今挺拔为陕北民俗文化的标志,"搂定"成了中国营造欢乐的一道特色景观。

当晚徜徉于延水河畔,仰望耸立于山巅的延安宝塔,仿佛听到一个声音在天际回响:星星之火,可以燎原!"原因不是别的,就在于反动派代表反动,而我们代表进步。"第二天参观"枣园"、"杨家岭"等革命圣地,还有延安革命纪念馆,都使我有此领悟。

试想,除了对付日本侵略者,还要应战国民党反动派,何其艰难乃尔。饥寒催生了南泥湾,"自己动手,丰衣足食"点燃的篝火驱散了荒山野地的浓雾,映亮了解放区的天。窑洞里陈列的纺车,告诉我当年为了战胜反动派封锁而造成的根据地经济困难,毛泽东、周恩来等诸多领导都亲自带头纺纱;

纪念馆里陈列的资料，告诉我那时为了解决延安纸张紧缺，如何用马兰草、粗碱和石灰土法制纸……

日军先后17次、派机208架次轰炸延安。因为延安宝塔成了日军轰炸时寻找方向的目标，有人建议自毁宝塔，毛泽东不同意，并耐心陈述理由。他认为，历史悠久的延安塔在人民群众心目中的分量很重，断不可弃之。宝塔巍巍昂天外，披着霞光，映着月色，始终与延安城同在！

当初国民党反动派调集25万军队大举侵犯延安，妄图"三天拿下延安城"。为安全计，党中央任弼时等人劝毛泽东主席东渡黄河离开延安。毛泽东坚决主张中央机关及主要领导必须留在陕北。他说，"我们在延安住了十二年，老百姓供养了我们，一遇险情就跑，对不起陕北人民。"凭着以毛泽东为首的"中央前委"大智大勇的坚强领导、人民群众舍生忘死的支持，延安失而复得，根据地进一步发展壮大。这，印证了毛泽东接受斯特朗采访时说的话：一切反动派都是纸老虎，也印证了一句亘古不变的格言——得民心者得天下。

回望中华民族历史，有哪个得天下者经历了这么多年的千辛万苦？面对延河水、宝塔山，面对今日如林广厦、似锦繁花，我不由想道，要么你自外于新中国，要不然，你就会心存感念，就会有一颗对社会的担待心。我的想法一经脱口，就得到同伴胡建勇和他的老党员母亲的首肯。

由所见所闻再想开去，毛泽东是非常重视精神因素的，笃信它可以激发奋进力量。因此他在延安窑洞里各有侧重地写了《纪念白求恩》《为人民服务》《愚公移山》三篇名文，

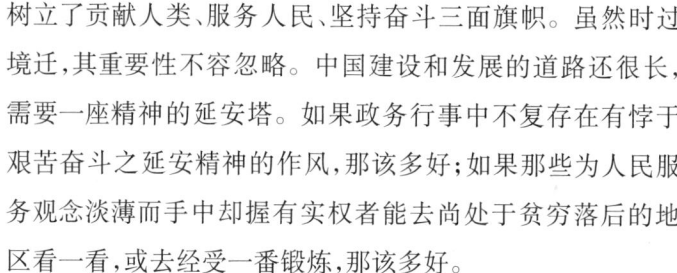

探雪

树立了贡献人类、服务人民、坚持奋斗三面旗帜。虽然时过境迁,其重要性不容忽略。中国建设和发展的道路还很长,需要一座精神的延安塔。如果政务行事中不复存在有悖于艰苦奋斗之延安精神的作风,那该多好;如果那些为人民服务观念淡薄而手中却握有实权者能去尚处于贫穷落后的地区看一看,或去经受一番锻炼,那该多好。

翌日早晨,又闻喧天腰鼓。一位头扎白羊肚毛巾的老乡相告,那是人们在排练,为了迎接建党90周年。循声而去,站在多拱延安大桥头,不经意间发现出租车的拉字顶屏上有句话:热心服务,为圣地争光!延安人的真诚和自豪,分明洋溢其中。

如今的延安城,历史红光在现实中闪耀,传统窑洞与现代建筑并存,是革命圣地、璀璨明珠。中国人民"搂定宝塔山",就是搂定了一种精神,搂定了一条道路,搂定了一个更加光明的未来。

情满潇湘

足迹

　　这回去湖南采风期间,顺理成章拜访了毛泽东故居。四位同伴中有三人曾经得到过鲁迅文学院的滋养,他们是顾雄、邓燕和张富遐,其中邓燕是《杨开慧传》的作者,还有一位后起之秀书法家钱建忠。11月8日,我们从长沙驱车前往韶山,市区沿途每条大道两旁的灯柱上都悬挂着中国结,红得热烈,红得喜气,红得赏心悦目,红出了湖南特色。临近韶山车站便有《东方红》乐曲随风飘来,撩动心弦,让人倍添精神。

　　前来参观毛泽东故居者络绎不绝。我们依次排队,约一个半小时后得以"入境"。出来的人胸前都别上一枚毛主席像章,进去的许多人跟着播放的歌曲,哼起了《共产党人好比种子》的语录歌。这是一种心灵的共鸣,看上去这些人的脸上或深或浅都写下了岁月沧桑。故居大门上方的匾额题写着"毛泽东同志故居",我则更愿意称其为毛泽东故居,因为称"同志"是党内的规矩,毛泽东不仅仅属于党内,而是属于更大范围的民众。"我们共产党人好比种子,我们到了一个地方,就要和那里的人民结合起来,在人民中间生根开花……"毛泽东生前一直告诫全党,群众是衣食父母,无论何时何地都不能脱离群众。

毛泽东故居背靠起伏山峦,一年四季树木葱茏,鸟鸣不绝于耳;面临一汪池塘,秋已深,从无数残荷枝干可以想象,花开时节映日荷花的姿容和蜻蜓立于带露荷叶的诗意;骋目左右,总体平整中略显错落的田园,那是庄稼结穗灌浆的理想场所。诚可谓:山好孕春色,地灵育人杰!

进得故居,但见毛泽东父母,他本人和两个弟弟的居室,分别摆放着当年的简单家具。灶间墙上的斗笠和蓑衣,仓廪里的选谷器具和小型石磨,厩棚中的木槽和水缸,诉说着一户农家的辛劳和勤俭。我不由想道,毛泽东一生艰苦朴素,不就是在这里熏陶出来的吗?笔者每走进一个房间之前,都要先轻轻地触摸一下门框,心想或者可以带走些许无形的财富,多留一点记忆给永远。

故居的一个小厅尤为教人流连。墙上挂着毛泽东写给儿子的几封书信复印件。"亲爱的岸英岸青:时常想念你们,知道你们情形尚好,有进步,并接到了你们的照片,十分的欢喜。现因有便,托寄此信……我是盼望你们来信呵!……"这封信写于困难丛生的延安时期。另一封1947年给岸英的信中写道:"……一个人无论学什么或作什么,只要有热情,有恒心,不要那种无着落的与人民利益不相符合的个人主义的虚荣心,总是会有进步的……"殷殷寄语,家国情怀跃然纸上。本人十几年前踏访过延安，听介绍得知，就在毛泽东居住和工作的窑洞门口的那张石桌旁，毛泽东曾经跟岸英促膝谈心，要他去基层最艰苦的地方锻炼自己，后来让他上抗美援朝前线，出发点与此无异。据当时在场人士回忆，毛泽东讲过这样的话：我不能总是号召别人的儿子去打仗，而把岸英藏在身边……这就是严于律己的毛泽东！这就是为了人民利益甘于奉献的毛泽东！这，应该成为当代人对照自己的一面镜子。

瞻仰毛泽东故居的前一天，我们去了名闻遐迩的湘江橘子洲头。虽然不是重要节假日，亦并非周末，还是游人如织，绘就了一幅万人心仪伟人的宏大画卷。众所周知，中国的江河自西向东流，而毛泽东在诗词里却写道：橘子洲头，湘江北去……这次弄明白了，原来就这一段的湘江是向北的，经岳阳注入浩瀚的洞庭湖，再不舍昼夜汇入长江。毛泽东高瞻远瞩，方向感始终没有偏差！橘子洲头的大理石毛泽东塑像应为举国高大之最，旭日初照，气宇轩然。塑像的选址很有讲究，学生时代的毛泽东曾从这里的对岸横渡湘江，塑像隔江面向湖南第一师范。其双目正深情地注视着栽培他的母校，这符合他始终感念师恩的高尚情怀……

毛泽东故居西边不远处的毛泽东广场上，矗立着一尊毛泽东铜像，那无疑是用深刻的缅怀铸就的。广场东首屏风式巨石上刻着《东方红》里的一句歌词：中国出了个毛泽东。这句话所演绎的骄傲与自豪，已然从韶山辐射到了四海五洲。铜像跟前摆放的花篮和鲜花，是来自全国各地的人们献上

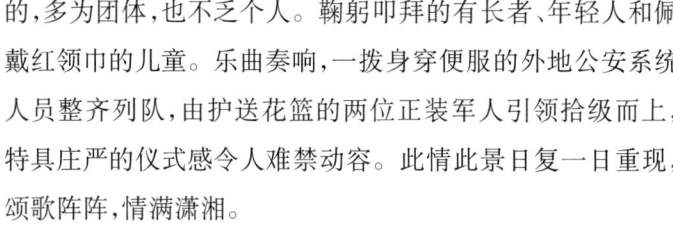

探雪

的,多为团体,也不乏个人。鞠躬叩拜的有长者、年轻人和佩戴红领巾的儿童。乐曲奏响,一拨身穿便服的外地公安系统人员整齐列队,由护送花篮的两位正装军人引领拾级而上,特具庄严的仪式感令人难禁动容。此情此景日复一日重现,颂歌阵阵,情满潇湘。

　　秋风里的毛泽东故居,四壁泥墙静默无言,访人心跳怦然有声。磨难历来是成就伟人之母。毛泽东为人民燃尽了生命的蜡炬,人民为毛泽东捧出了心底的至诚。长沙街头流光溢彩的幸福结,与其说是装扮市容之需,不如说是一盏盏表达感恩的心灯……

足迹

富厚堂外有杆旗

日起日落对每个人都是一样的。然而,大多数活着的人默默无闻,有些人身后的声名却依然如雷贯耳,仿佛生命还在他的名字里延续、舞动——曾国藩就是这么一个人。走近曾国藩故居,望着那杆象征意义的湘军帅旗,笔者遐思绵绵,悄然穿越时空。

曾国藩的一生是不断励志、不断追求的一生。他切切实实接受了"修身、齐家、治国、平天下"的思想教化,切切实实做到了"励志"以"用世",挫不气馁,胜不骄矜,终于实现了建功立业、闻达天下的梦想。

若以人物断代,曾国藩是中国古代史的压轴者,近代史的开篇者。他"睁眼看世界"并积极践行,堪称此上中国第一人。在他的倡议下,建造了中国第一艘轮船,建立了第一所兵工学堂,翻译印刷了第一批西方书籍,安排了第一批赴美留学生,且在美国成立了"中国留学生事务所"。他的励志人

探雪

生、刚柔智慧和开放思维,为后人特别是对湖南近百年人才群体的兴起产生了极为深远的影响。

在以儒家理学为内核的湖湘传统文化和良好家风的熏陶下,曾国藩从小嗜书如命,孜孜不倦让深宵黄灯、清晨寒星也为之动容。他从乡试入第,官至两江总督、直隶总督,封一等毅勇侯。其入清朝翰林院后才改原名曾子城为曾国藩,意即"为国作藩篱"。曾国藩对清王朝忠耿不二,危难之际挺身而出,同时又对清王朝的腐败深恶痛绝。他写了《爱民歌》以训高峰时达到三十万之众的湘军,在镇压太平天国时却大开杀戒,而后又收养了八百孤寒子弟,并从自己"养廉银"中捐款课奖。他主张强国富民,不愿让洋人"蹂躏中国之土地",然而在处理"天津教案"时却多有屈辱,受到人们卖国之诟病。噫唏!仁者见仁,智者见智。竖看历史,大凡富有传奇色彩的历史人物都难脱争议。

步入曾国藩故居的刹那间,宛若听到历史老人的声音:对一百多年前的曾国藩不宜神化,也切忌矮化,曾国藩就是曾国藩。

曾国藩故居"富厚堂"坐落于湖南娄底市双峰县荷叶镇涓水河畔的鳌鱼山麓,国务院授予"全国重点文物保护单位"。全宅占地六十余亩,由思云馆、毅勇侯第、藏书楼、八本堂、缉园等组成一个以堂为主辅以池阁亭榭的园林建筑群,系目前中国保存最为完好的一座乡间侯府。规模宏大,却不富丽奢华,有着深厚的文化底蕴。每移步转换一处,皆有意外收获。其尊老爱幼、不鄙家佣;严于律己、立言立德;廉洁亲民、善睦乡邻;书生挂帅,擅于治军;窃国无心、进退有据;崇尚国粹、博采西学……故居散发着质朴亲切、豁达包容的家国气息。我欣赏《曾国藩全书》序言作者所言:如果说曾国藩家书是一部中国传统文化大典,那么"富厚堂"就是它精致的封面。

曾国藩从29岁起作日记,旷年持之,至终不辍。参观过程,其家书一直在我眼前飘拂、脑际萦绕。忆起其两封,谨予记述:"士大夫之家旋踵而败,往往不如乡里耕读人家之耐久。所以致败之由大约不出数端。家败之道有四,曰:礼仪全废者败;兄弟欺诈者败;妇女淫乱者败;子弟傲慢者败。

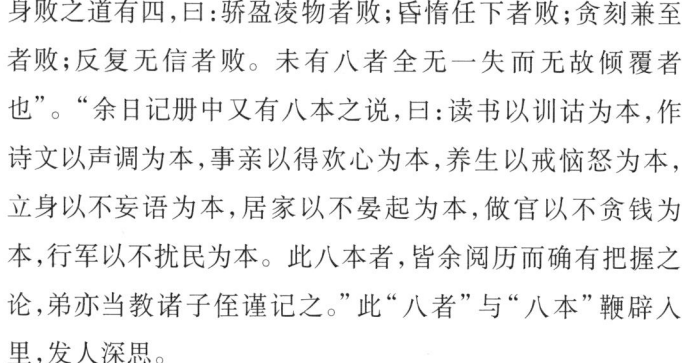

身败之道有四,曰:骄盈凌物者败;昏惰任下者败;贪刻兼至者败;反复无信者败。未有八者全无一失而无故倾覆者也"。"余日记册中又有八本之说,曰:读书以训诂为本,作诗文以声调为本,事亲以得欢心为本,养生以戒恼怒为本,立身以不妄语为本,居家以不晏起为本,做官以不贪钱为本,行军以不扰民为本。此八本者,皆余阅历而确有把握之论,弟亦当教诸子侄谨记之。"此"八者"与"八本"鞭辟入里,发人深思。

38岁那年,曾国藩辑录古今名人大儒言论,编成《曾氏家训》,其中许许多多训诫国人耳熟能详,如:家运兴衰,一半在天,一半在人;有恒常乃人生第一美德;精诚所至,金石为开;铁肩担道义,妙手著文章;己所不欲,勿施于人;礼法结合,以治天下;一方有难,八方支援;由俭入奢易,由奢入俭难;常存冰渊惴惴之心;一息尚存,不敢稍耽安逸,等等,均在其列,熠熠发光于中华文明史册。

名人大儒和他亲撰家书里的数以万计的格言,至今仍然颇具现实意义,难怪在他百年之后,不管谁执政"当家",《曾氏家训》《曾国藩家书》及《曾国藩全集》(约1400万字)一版再版,成为中国家教之范本。仅凭这点,曾国藩其人的社会意义就应该予以肯定,扎根之深任何人也撼动不了。

他对儿子曾纪泽、曾纪鹏的寄语教人触动尤深:"吾不望代代富贵,但愿代代有秀才。秀才者读书之种子也,世家之招牌,礼仪之旗帜也。""银钱、田产,最易长骄气逸气。我家中断不可积钱,断不可买田。尔兄弟努力读书,决不怕没饭吃,至嘱!"身历亲悟使其对儿子的教育,并不像父辈对他那样要求在科举上谋出路,而是鼓励他们多读有用之书,多做实用学问,甚至包括学习西方的数理化、天文等知识。曾国藩还请江南制造局的传教士到家里指导儿子学习英文,这在中国乃是破天荒的举动。

多年之后,长子曾纪泽出使英法,后又兼任驻俄大臣,通过外交手段收回新疆伊犁。次子曾纪鹏则在数学上斩获丰硕,在中国首位把圆周率推算至小数点后100位,成为清末著名数学家。由于曾国藩的谆谆教诲和殷殷培育,曾氏家族百余年来人才辈出。当代台湾地区多位著名专家学者便是曾国藩的后裔。曾国藩成功地种出了一块家教的样板田,起到了示范作用。湖湘世家,千古流芳!

如今曾国藩故居"富厚堂"所在地双峰县荷叶镇并非他的出生地,乃是他当官后建造的,其祖居地在同县的天坪镇。来去匆匆,未及造访,于是也就未能一览曾公的族谱,对湖南曾氏的来龙去脉不胜了了,其与我家乡莆田曾氏的根脉渊源究竟有多远更不得而知,是为至憾。

这次与三位友人结伴从上海乘动车出发,到湖南娄底市踏访曾国藩故居及其位于长沙市坪塘镇的陵园,他们是专为我一尝六载夙愿而去的,悉心安排,陪伴我不离寸步,让人备感情谊之深笃和温馨。事后请每人对曾国藩故居说一句话,他们分别只用"博大"、"感动"、"警世"二字托出自己的感悟。言简意赅,意蕴无尽。我也说了一句:曾国藩就是曾国藩,中国历史上抹不去的曾国藩。

探

雪

　　　"富厚堂"大门口左前方矗立着一杆大旗,紫得古香古色,上面印染着一个厚重醒目的大字——帅。荷叶镇人深谙历史,敬仰贤哲,其壮举懿行真帅!

天府之国的人和事

足迹

　　驻足于世博园四川馆视频图片前,我又一次目睹了当时汶川的不幸,再一回看到了呐喊着涌动的爱心潮,并乐见了如何在震后重建中加快生机的成长。离馆之后,脑际无法拒绝地浮现出太极老白的身影。天各一方,久违了呀!

　　听悉其名还是在前年,感同身受的情愫促使我前往汶川灾区,绵阳有太极集团的制药厂,采访过程中大家不约而同提到老白——

　　说他震后几度赶来绵阳,置小家于不顾。绵阳离震中直距仅50里,震得厉害,不少人认为是"世界末日"。人们余悸未消,省里下达了生产急用药品的任务,他"清点"了员工,一边安抚,一边动员。尽管那些天余震不断,关键时刻党团员纷纷走上生产第一线——听到这里我泪水盈眶,不被感动亦难。

　　说他思路清晰,作风严谨。外地捐赠给灾区的药物统统由他们代为接收,登记造册,负责运送发放。身在一线的老白神色始终凝重,反复叮嘱,务必"及时发送,急用先投,不出差错,不留盲点"。

感动推着我一定要尽快找到他。我马不停蹄从重庆赶去涪陵,太极"总部"就设在那里。

一路往南,景象与灾区全然不同,山明水秀,云淡风轻。途中,一块写着"长寿县"的路牌扑面而来,使我立即想起上海有条长寿路。身边朋友告诉我,当地有个大湖,露出水面的天然山石形成了很大的繁体"长寿"两字。啊!真是个永远美丽的人间天府。

涪陵亦美。下得车来,便有江泽民同志亲笔题写的"太极集团"四个大字映入眼帘。我如愿以偿跟老白见了面。他的姓和模样疑似少数民族,问下来却不是。

一万三千余名员工,家大业大贡献大。太极人在绿水青山上空架起一座特殊的"长虹桥",上面有一千五百多种中西药的异彩。他们传承了一大批国家中药保护品种,身上负载着多少杏林寄托;他们以科研催开数十朵国家专利之花,成果背后是多少深夜无眠。四川盆地早已装满了太极集团的盛名。

身为太极集团董事局主席的白礼西,不居功、不露圭角,安于脚踏实地;不辍足、不怕担子重,正带领团队加快国际合作步伐。一种长期的责任感已然融入了老白的血液。他给我留下的深刻印象就是他的"白",说话明白,做人做事明白。

交谈中,回闪出在绵阳采访时听到的另一番话:老白善于观察,体恤灾民。由于多日不换内衣,汗出得多,又缺少盥洗条件,灾民身上的那种状况可想而知。老白看着心急,决定赶制衣物,包括内裤在内,先后送去15万件。果如所料,小小一条"三角裤"大受欢迎,许多灾民举着它,手舞足蹈,称赞"太极及时,太极贴心"。是啊,天下大事必作于细。重金表明慷慨,而好事之好更在于做到"点"上。太极不但屡有慷慨,而且独具精微。

老白对我所获信息作了修正意义的补充,认真地说,那时候相当吃分量的是集团总经理,他才是我们救灾第一线的总指挥,还有我们西南药业和桐君阁的两位董事长,他俩都是奋勇当先,不辞辛劳。老白指着报纸上的照片让我看,说,我们的一位志愿者疲劳过度晕倒了,这是在现场抢救……无名英雄就更多了。太极集团被评为抗震救灾全国先进单位,这面红旗就是靠全体员工扛起来的。

在当过中学校长的父亲的熏陶下,温文尔雅的老白说起话来都带那么一点教师味——集团要求我们每个公司"求证"要科学,"加减乘除"一定要清楚;要求每位员工心中有大局,生命的"坐标"上必须突出爱心。老白不愿多谈困难。他说,涪陵人从小就喜欢爬山,再险峻的山也能攀上去。这,不就是四川人民的志气吗?

有件事令我惊诧不小——集团大厦后山上的水库竟取名为"南湖"。南湖在嘉兴呀!这……老白瞬间就觉察了我的心思,说,宇内之水实为一家,天上地下循环不断,流动无休。叫它"南湖",是希望全体员工牢记今天的好日子是怎么

探雪

来的,要懂得感恩。

噢,明白,辽阔的明白,深远的明白!……

世博园四川馆视频重现的、展示的,让我又接受了一次精神洗礼。默默地想:调和阴阳,捭阖无穷,"太极"之谓也。就汶川而言,有了全社会的大爱和干群自身的大坚强,才有了调和与捭阖的承重架构,才有了今日的新容颜——这样的生机最高昂、最质感,最经得起风雨。

天府之国既远又近,想起蜀道觉得很遥远,念及那里的人和事又仿佛近在咫尺。见匆匆,难忘怀,托付长风问个好!

禅意九华山

足迹

名山是有感召力的。这不,在丙戌岁杪,我提前了结手头事务,去了心仪已久的九华山。同行者有修晓林、罗建荣、费爱能、王抗美、陈淑兰、罗玲和娄靖。我只知道是修晓林先生邀我的,至今尚不晓得谁是发起人。但这并不重要,重要的是,同行者要有尽可能多的共同语言。临行之前就念及,在九华山所在地安徽青阳县,有一位我大学的同学。

一路上,满车的欢声笑语,故知无话不谈,新朋一见如故,八九个小时下来一点也不累。我们下榻在九华山腹地的香樟树宾馆。晨出,沐清风淡雾;暮归,披一身晚霞祥光。大家觉得,青阳西南这100余平方公里土地,弥漫着禅意。

何谓禅意? 晚上在宾馆里我们各抒己见。有的说,九华山与峨眉、五台、普陀合称中国佛教四大名山,你看这九峰山峦叠翠,雾霭缭绕,这一座座古刹殿宇宏观,庙黄扑面,还有林间天籁、村落炊烟,这氛围就是一种禅意;

探雪

　　有的说，佛教是一种信仰，也是中国传统文化的一个重要组成部分。许多佛教题材的作品和寺院建筑是我们传统文化中的瑰宝，如敦煌壁画、大足石刻、九华禅林、布达拉宫建筑等，它们流传甚广，旷日持久地"点击"着大众的心理。这种文化就是影响民众心灵的禅意；有的说，释迦牟尼创立佛教，一开始是针对当时思想界讨论自然和宇宙本体的抽象玄思、作为联系实际的人生哲学出现的。在后来的传播发展中笼罩了许多迷信色彩，这是需要区分的。但佛教对于人生真谛、生命本质的思考和揭示，成为疏导人类精神的太过广阔的禅意，永远有着重大的价值；有的说，佛教的世界观其实是多元的。它提倡的自主自救、与人为善、忍辱负重、有节进取，都是值得肯定的。"禄无常家，福无定门。"佛教认为从来就没有什么救世主，一切全靠自己"修行"，这点更显露其积极意义。现代人要从佛教世界观的多元化去理解禅意的多样性。

　　有的说，鲁迅有言："释迦牟尼真是大哲，他把我们平常对于人生难以解决的问题，早给我们启示了。"鲁迅明知人生的终极是"虚无"，但他"以悲观作不悲观，以无可为为可为"，偏与邪恶作"绝望的抗战"。他悟到的正是积极的禅意；

　　有的则说，禅意在生活中无处不在，往往是人们自身对世界"当下即是"的感悟，这一刹那称为禅机，所悟即禅悟，或曰禅会。在当今生活和文学作品中，禅意一词已不鲜见……

　　畅谈间，宛然有一扇佛学"宝殿"之门向着我徐徐开启。

　　首日，我们参观了摩空岭上的百岁宫、舍生崖西麓的祇园寺和九华山中心岙地上的化城寺等寺庙，目睹了血经、法器、铸鼎、玉印、圣旨等宝贵文物，读到了这些古刹的兴衰史，不禁为九华山佛教文化的博大所震撼。

第二天，赴海拔1325米的天台正顶参观天台寺。出发在即，闻得乘缆车至山腰，接着还要再爬800级台阶，我顿生畏难而准备放弃。忽一闪念："上九华不到天台，白流汗等于白来。"于是抖擞精神，上山！年龄最大的我，居然跑在了队伍前头，令诸位刮目相看。我身沁微汗气喘吁吁，心里明白，我已经竭力"自救"矣。

天台正顶最高处名曰"云峡"。峰上有一平台，建六角捧日亭。导游小姐相告，如若赶在夏季，除了观看日出胜景，还能一睹低处满山的红杜鹃。我想象着，那该是九华灵山秀水捧出的与庙黄相映成趣的灿烂禅意。下山时，修晓林拍着自己的背包说，怕山上冷，我为你备了一件羽服。感动地望着他，我禅悟：与诚者行，心可宽，身可托，如沐春风！

驱车返沪，途经青阳县城，我又记起这里的大学同窗来，他毕业后回家乡政府机关工作，如鱼得水而甘于淡泊，令人感佩，于是我向司机叫停，下车再踩了踩这片为28万人民提供生活处所和勤劳自强平台、承载九华禅林、养育我这位学友的土地，作为告别。当下里自忖，适己的所在，不就是在诠释生命意义的同时造福于他人的佳处么？

名山多姿，禅意无形。有人得新交，有人温旧谊。啊！九华，让我依依九回头。

济公故里访葛仙古茶

探雪

青山四面合,茶林几坡斜。葛仙古茶的栽植地,就在济公故里浙江天台的一个山头上——天台山华顶。

拾级于山道,人人喘着粗气却神采飞扬,笑说今天洗了肺。陪同我们的陈式锭和陈邦地两位先生欣然相告,这里是4A级国家森林公园,难怪空气新鲜得简直可以拣出负离子来。

访葛仙古茶这档"节目"其实是临时的派生品。在参观雕梁描金、翘檐悬铃的"济公故里"时,我们几个上海客欢呼喝到了好茶,那茶汤水清澈,无一点浑浊,明净中透出淡绿,上口时舌根略觉苦涩,但不久就变得浓醇爽口。不知当年济公大碗里的茶,是否也是这般味道?料想他云游四方,对茶是没有那么讲究的。问导游,方知这绿茶出于"葛仙"名门。于是,转了几个"弯"终于找到了上述二陈。他们先递上一个信息:改革开放以来,葛仙茶园扩大至两千余亩,带动周边村村落落的农户共同致富——好啊！这无疑是一个可贵的精神亮点。道茶论茶，我似乎难脱与桑梓福建之干系。福建有名茶。如果记忆不出差池的话，南唐时福建建安的"龙凤团茶"即被朝廷定为贡品；宋代风行的"斗茶"这一饮茶艺术，其诞生地亦在建安一带。在乡承俗，我从小就成了茶粉丝。茶，不但滋润了我生命年轮，而且不断恣意我去探究中国茶文化的前世今生。

据浅陋所知，常年与青山为伴的钟鼓僧人和五斗道士，对中国茶树的栽培、普及、茶叶的制作所作的贡献，当冠以"特殊"二字。他们的禅林法语赋予茶叶以脱俗胎性，提升了它在众生心目中的鲜灵活气。二十多年前，我曾写过题为《我的和尚同学》的文章，由他相赠寺院自植的"龟山茶"，其醇香仿佛依然氤氲于我的鼻底舌尖。

我早就有个"溜茶小九九"，尽尝中国茗珍，武夷大红袍、安溪铁观音、西湖龙井、东山碧螺春、六安瓜片、黄山毛峰、信阳毛尖……都一一尝过，而唯独缺了一只角，此前未曾领略过葛仙茶之滋味。所以，我对踏访葛仙古茶兴致尤盛。

天台华顶昂首天外。置身怡神，环顾间有阵阵山岚飘忽而至，我戏言，济公来啦！逗得诸君哈哈大乐。33棵高大茶树生机盎然，让人亲睹老当益壮。据北京来的专家考证，它们历经1800余年风雨，乃生于济公之前的"高道葛玄"手植的"进化型古茶"。在前年的天台茶文化旅游节上，采自其上的二两"汉茶"真实拍出了12万元，闻者咋舌，但无可非议，

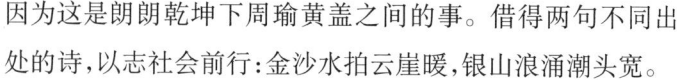

探雪

因为这是朗朗乾坤下周瑜黄盖之间的事。借得两句不同出处的诗,以志社会前行:金沙水拍云崖暖,银山浪涌潮头宽。

华顶上有个山洞,诗意名"归云",入眼就有一种远离凡尘的味儿,怪不得后人会将当年修炼于斯的葛玄尊为葛仙。一块石碑竖于华顶外侧,碑文《葛仙茗圃》,遥寄着对"江南茶祖"的殷情怀念。更有"韩日茶源"字样。我想是的,佛教之一脉的"天台宗",与韩日佛教之间的交往源远流长,中国的植茶之道该是由他们派来的"留学生"抱回去的吧。碑文凿凿,原来,杭州最早的茶树,乃是南朝诗人谢灵运去杭州下天竺翻译佛经时,从这里带来的,并最终演化为声名浩荡的西湖龙井。

问茶哪得佳如许?毕业于浙大茶学系的"学院型专家"陈式锭,有着几十年育茶经验的"村野型专家"陈邦地,稍作思索后道出其要:葛仙茶种好,这就不用说了。一是茶园地势高爽,且为香灰沙土,即古人说的"烂石土",适于茶树生长。一般都在千米高山,无工业污染。二是天台山地区气候温湿,长出来的茶叶"肉子"比较厚,加上生产设备现代化,严格掌握摊青、杀青、揉捻、整形、烘干、包装六道工序,这就确保了茶的高品质。续问,凭肉眼如何判断绿茶质量,答曰:优质茶叶的外形有同一性标准,即形小紧结、整齐匀称、色泽鲜活润正。反之,灰暗色的肯定与好茶无缘。真可谓:山中藏奥妙,茶内学问多。

下山途中,从前留意的许多跟茶相关联的人和事,默默地自行显示在我的心屏上,由远而近渐然清晰:

先是孙中山先生。他在《民生主义》的开头就写了开门七件事,"柴米油盐酱醋茶",曰中国是"产茶之母国",茶为"最合卫生、最优美之人类饮料"。继而是周恩来。周总理不仅喜欢饮茶,还不忘关心种茶和茶农生活。他生前曾数次去过葛仙茶的衍生地杭州梅家坞,进屋访问茶农,同采茶姑娘一起采茶,并带领当地干部上茶山,指导制订茶叶生产发展规划……

青山在,茶香长。任凭世事沧桑,自古东风不负人。放眼今日之华夏,茶品茶艺纷呈,茶园秀绿了 19 个省区近千个县市。葛仙若泉下有知,说不定也会是济公"乐呀乐"的那种模样。

在陶都做客

探雪

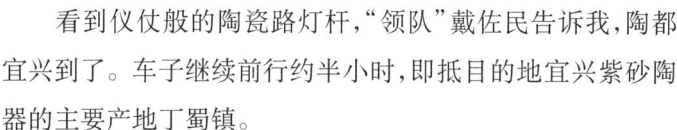

看到仪仗般的陶瓷路灯杆,"领队"戴佐民告诉我,陶都宜兴到了。车子继续前行约半小时,即抵目的地宜兴紫砂陶器的主要产地丁蜀镇。

佐民出身于紫砂陶艺世家。祖父戴国宝一百多年前开办于城隍庙九狮亭畔的"铁画轩"紫砂店,如今尚"健在",且声名愈播愈远。父亲戴相明继承父业,倾力弘扬紫砂文化二十余载,以致积劳成疾无悔而终。国外多家著名博物馆,都收藏着"铁画轩"的紫砂作品。当年戴家在宜兴设有紫砂制作厂,与当地不少陶艺高人结下不解之缘。佐民从小随父进出陶都,至今过从甚密。这回儿子显阳被复旦大学录取,佐民决定携妻挈子重游故地,也让一直关心他们的宜兴"亲眷"们分享喜悦。于是,我得幸应邀同往。

当晚,东道主在一家宾馆里为我们接风。菜肴与沪上酒家没有多大差别。女主人曹婉芬早有安排:明日上她家吃饭。我们自然高兴，一来可以品尝正宗的宜兴风味菜，二来可以欣赏她家的紫砂作品。佐民悉之两眼放光，那一定是想起了主人家里的特色佳肴。

主人寓所取名"苑林阁"。楼高三层，居住总面积七百余平方米，颇有气派。进得大门，迎面是两块太湖石，矗立水中。水池里面玲珑金鱼游动，房屋四周葱茏花木争奇。雅韵浓浓，秀色可餐。

"苑林阁"是个钟情陶艺的大家庭。曹婉芬、范岳林老夫妇俩一个单元；儿子、儿媳一个单元；女儿、女婿一个单元。和谐的三合一，美满的一家人。为了招待客人，他们心往一处想，劲往一处使，忙得不亦乐乎！女儿、儿媳，还有老范的妹妹一齐上阵，每人都露了一手。

紧张有序成果迭出，菜一只接一只端上桌来。全是绿色食品：菊花菜、南瓜藤、豆腐白虾笃笋、白米虾、野生鳜鱼、白虾烧茄子、黑椒烧鳝丝、小鲚鱼、白萝卜、糯毛豆……观色闻香品味，让人食欲大增。老范的儿子和女婿道出了一个烹饪上的诀窍：炒绿叶菜的时候，放一些白米虾，炒出来的菜特别鲜绿；有些不易煮熟的食物，加进少许白米虾，熟起来就快，而且特别入味。从事餐饮业多年的戴佐明连连点头称是，自惭有所不知。宾主叙旧情、聊家常、贺后生金榜题名、说陶都新鲜事儿，竟不知酒过几巡。老范递我一支"金南京"，说："你觉得这里的菜配胃口，今后就和佐明一起多来来，苑林阁就是你的家。"话语真诚，沁得我满心暖彻。温馨、难忘！

更难忘、更有收获的是参观家庭紫砂陶艺陈列室。曹婉

探雪

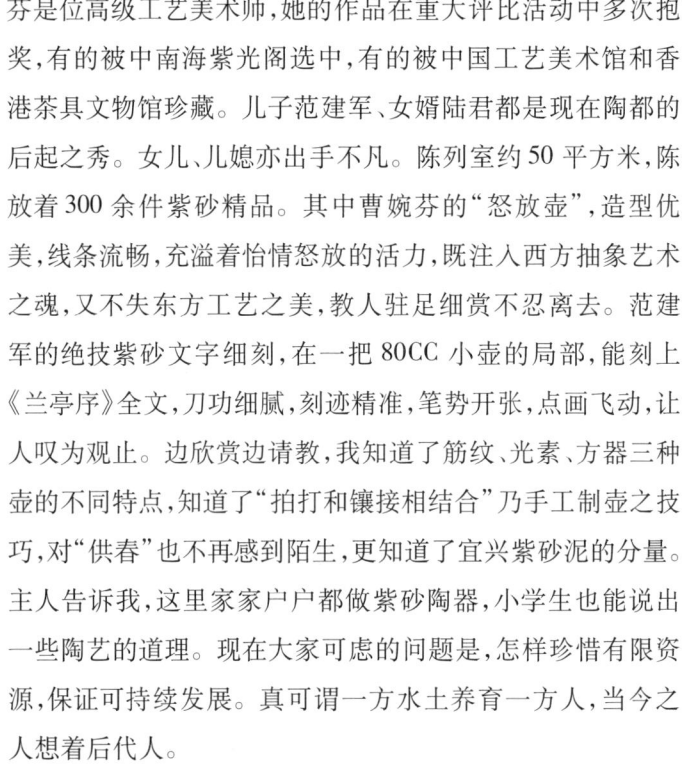

芬是位高级工艺美术师,她的作品在重大评比活动中多次抱奖,有的被中南海紫光阁选中,有的被中国工艺美术馆和香港茶具文物馆珍藏。儿子范建军、女婿陆君都是现在陶都的后起之秀。女儿、儿媳亦出手不凡。陈列室约50平方米,陈放着300余件紫砂精品。其中曹婉芬的"怒放壶",造型优美,线条流畅,充溢着怡情怒放的活力,既注入西方抽象艺术之魂,又不失东方工艺之美,教人驻足细赏不忍离去。范建军的绝技紫砂文字细刻,在一把80CC小壶的局部,能刻上《兰亭序》全文,刀功细腻,刻迹精准,笔势开张,点画飞动,让人叹为观止。边欣赏边请教,我知道了筋纹、光素、方器三种壶的不同特点,知道了"拍打和镶接相结合"乃手工制壶之技巧,对"供春"也不再感到陌生,更知道了宜兴紫砂泥的分量。主人告诉我,这里家家户户都做紫砂陶器,小学生也能说出一些陶艺的道理。现在大家可虑的问题是,怎样珍惜有限资源,保证可持续发展。真可谓一方水土养育一方人,当今之人想着后代人。

"苑林阁"记录着主人的人品和艺品,不啻良师指迷津。他们追求陶艺如痴如醉,待人真诚一见如故,深深地打动了我的心。"人生的价值在于把水注入别人的壶中,不能只等着别人给你加水。"这是戴君返沪途中教导孩子的话。我由衷认同。

太湖边上十八弯

从无锡去宜兴,取道太湖边上的十八弯。同车有位少年一个弯一个弯地数过去,最终还是弄不清究竟有多少弯。

少年的父亲对他说,十八弯可能只是说这条路上弯道多,并非确定数,好比人们常说九重天,但谁也弄不清到什么高度为一重,天到底有几重。少年将父亲的话当作圣旨,频频点头。我却觉得这样类比缺少有力的联系,由地而天,扯远了。

其实,世间有些事大可不必那么顶真,非要打破砂锅璺到底不可,否则,被你打破的恐怕不是"砂锅",而是一种美。就像"九溪十八涧"那样,太湖十八弯,多好的名字啊!

我是不会刻意去数"弯"的,其中有什么故事也并不重要,且把十八弯当作一个真实的地名。

十八弯傍山依水。弯道虽多,但坡度都不大,路也好,车子驶得平稳。如果把它"拉"直了,陡增了刚性,直得像沪宁

探雪

高速公路,那么与温柔的太湖就格格不入,不再和谐了。想起上庐山的路,其妙不就在"跃上葱茏四百旋"吗?

十八弯给人留下深刻印象的是那里的桃子和卖桃的人。一路上几乎每个弯里,都有当地农人设摊卖桃。见车子开来,他们不约而同地把手挥成一面面旗子,那脸也笑得灿烂,犹如摊上可人的水蜜桃。但是我发现,他们少有言语,不像城市许多商店里的售货员,一个劲地叫卖,把自己手里的商品吹得花好稻好,甚至缠住顾客不放。莫非是深谙"桃李无言,下自成蹊"的道理? 这是一种很好的心态,与急功近利大相径庭。

挡不住诱惑,我们停车问桃。选中一个摊位,挑了20多只,装筐,过秤,付了20元钱。大家都觉得便宜。嘴馋的等不得上车就吃了起来,一只不过瘾,连来两只。摊主笑曰:两只下肚,可以不吃晚饭了。

这桃子名不虚传,水红、水灵的,还有一种特殊的桃香。我吃过山东肥城、德州的桃子和上海南汇的桃子,和这里的桃子不一样,真的不一样。我从南方果乡走来,知道果农靠果吃饭,所以无意评价它们的优劣。人的口味和兴趣存在差异,有的喜欢硬脆,有的喜欢酥软,各取所需吧。但我却不能不说,论水蜜桃,十八弯的道地,又水又蜜。这无疑是水土决定的,靠人工改变不是容易的事。前两年,上海市场上泰国和越南的龙眼冒充莆田龙眼,上了当才能分清真假,表面是不大看得出来的。不同产地的龙眼品质不同,此亦水土使然。

见物又见人,我不由想起两句古人的话来。一句就是说水土影响于物种的:"橘生淮南则为橘,生于淮北则为枳";另一句是说环境作用于人的:"蓬生麻中,不扶而直"。这物这人,是十八弯不经意间展示于世人的。

　　太湖边上十八弯,尽显自然的曲线美。谈不上旖旎,但不乏素秀。人生谁希望多走弯路,这段路却是值得一走的。当然,此弯不是那弯。

探雪

去台湾的路上

"天开清远峡,地转凝碧湾。"台湾,由菲律宾海洋板块与欧亚大陆板块碰撞而成陆,又由于另一种众所周知的"碰撞"闭岛自锁而显得神秘,也正因为神秘才一直吸引着我。

小时候我就学会了一支歌:"半屏山,半屏山,一半在东边,一半在西边,阿妈头上插的花,开在两边的山坡上。"稍长之后才知道有这么一个神话:福建和台湾的两个半屏山原为一座山,如同一架美不胜收的天然屏风。玉皇大帝妒忌其美姿,派神把它一劈为二,一半在福建,一半在台湾。歌谣源于神话,世代相传,描绘的是一幅台湾和大陆山水相连的情景历史画卷。

己丑之春,我忝于商业考察之列先去香港再去台湾,实现了多年来的愿望。飞机进入福建上空时,我对同伴说,下面就是我的家乡。实际上,机翼下是一片云山云海,无法看清地面模样,只是从飞行时间约略得出的一个判断。

两小时之后，飞抵香港。机场上没有什么闲置的草地，多为水门汀所覆盖，地面被充分利用了。停机坪上的许多飞机标识不同，我一眼就发现了来自台湾地区的飞机，其中有"长荣"航空公司的，还有我在"大三通"电视直播画面上看到的机身上绘着蝴蝶兰的飞机，没记错的话，那是"中华"航空公司的。后来从香港去台湾，我们搭乘的就是"长荣"班机。

在机上，我结识了此行的第一位台湾朋友，姓陈，和我邻座。我手里有两份台湾报纸，我向他递上其中的一份，他摇摇头，指着要看另一份。大概是见我疑惑不解，他道出了个中缘由："在我们台湾，多数人是不看这份报纸的。"当时我就想，其实还是知己知彼为好，看看又何妨呢？他接着说，报纸贵在真实报道，而这份报纸不是这样，所以我懒得看。陈先生举了一个例子，"三鹿奶粉事件"，受害的主要是大陆消费者，肇事人已经受到了应得的严厉惩处，这份报纸却把它说成什么"大陆制造有毒奶粉毒害台湾人民"，分明是睁着眼睛说瞎话，"妙笔生毒"蛊惑人心。自由诚可贵，然而一旦成了一种主义，自由主义，那就大告不妙了……我从心里敬重这位同胞，敬重他的分明爱憎、他的正直良知。

飞机突然颠簸起来，少顷，重归于平稳。此时此刻，我想起两个家乡的人，一个叫瑞高，一个叫阿亮，都是跟我父亲同辈的，和我家仅一墙之隔，解放前夕被国民党"抓壮丁"从军去了台湾。当时瑞高尚未成家，走后一直没有音讯，或许早已阵亡了；阿亮则是完婚拜了堂的，走的时候蜜月未馨，上世纪60年代初曾经有过一丝消息辗转而来，若有若无，最终没

探雪

有联系上,妻子领养了小孩,撑起一个破碎的家,在无尽的思念中度过一生,临终前还细声叫唤着丈夫的名字。两岸分离,硬生生酿成了多少人间悲情!因此,去年两岸实现"大三通"时,我连夜写出了《笑靥蝴蝶兰》的文章,那是有感而发,打心底冲腾而出的欢呼!

途中,我们领略了台湾空姐热情周到的服务。约莫过了一个多小时,我们从机舱鱼贯而出向松山机场出口处走去,步履轻快,心情特别的放松。耳边是一听就懂的普通语,眼前是熟悉的中文指示牌、黑头发、黄皮肤,所有的所有都非常亲切,与置身家乡无异。

在后来的考察时间里,或台北或台中或新竹或宜兰或南投或花莲,地方有变,对象不同,而这种感觉持续至终。"本是同根生,相煎何太急。不要'打仗',而要'打点'",即在经济建设方面多做些对海峡两岸人民有益的事——这是我们所到之处的普遍心声。

是啊,两岸本是一家人。"半屏山,半屏山,一半在东边,一半在西边,阿妈头上插的花,开在两边的山坡上。"去台湾的路并不远,有了心的呼唤和热络的往来,这条路就更近了。

足迹

日月潭上的老船长

和平赐予我们的收获,仍在心头上演喜悦。从台湾考察回来已有些时日了,建勇和全翔还不忘日月潭岸上我们投宿的酒店,建议寄赠几个字聊表谢忱。志强眉头一皱便出来了一副对联——岛外天地宽,潭中日月长,真不愧为同道中善于即兴的"饱学夫子"!

其实,留下深刻印象的不仅是给人温馨的酒店,不仅是秀美的日月潭,还有那位老船长。

凭一次邂逅,对老船长的了解自然是有限的,但是他的脸和言谈举止告诉我,这有限的背后有着沧桑岁月与精神世界的无限。

他的脸日色丰沛,皮肤质感偏厚,疑似赶海人,而实际上不是。看了他名片上印着的"电信退休员工"字样,幡然明白他来日月潭开游船属于"发余热"——他却不是这么表述的:"为了生计。再说啦,生命的意义在于'挑担',还能挑,就不想多闲着。"说得实在,见心。

老船长的祖籍在福建泉州。台湾当局实行"解禁"后,特别是大陆改革开放以来,他几度跨海走访,但是由于两岸长期隔绝,摸不着具体的"乡根",拜祖的事至今未能如愿。触兹念兹,我发现他眼神深处藏着淡淡的忧伤。

然而,老船长乡音未改,而且还是比较重的,重得只有我这个福建老乡听得懂。尽管多数人听不懂,尽管一艘能搭载50人的游船上仅有我们几个人,他还是专业地逐一介绍景点,不因人少而怠慢,不因时晚而省略,那是一种令人感动的认真。

我们抵达日月潭景区已是傍晚时分。虽不见潋滟湖光,但在不受污染的一潭清水里,仍然可以看到青山弄倩影,白云镜中生。

大概是因为走过看过反反复复想过吧,老船长对大陆颇为了解。彼此之间熟悉了,不再拘束,游船停泊潭心小岛时,他自贾其勇让我们考考他,于是我们轮流提问,当然是轻松随意的——

"老船长,你能不能说说日月潭跟杭州西湖都有哪些不同。"他略作思索,说:"一是形状不同。西湖为椭圆形;日月潭以湖心的光华岛为形状界点,北为日潭,南为月潭,整体轮廓近似日月。二是周围环境不同。西湖三面环山,一面濒市,湖边没有水电站;日月潭四面群山环抱,下游建有发电站。三是大小和深度不同。西湖的面积只有6平方公里左右,最深处不足4米;日月潭的面积达到7.7平方公里,最深处 27 米。"

"你知道中国有多少个民族?""按照流行的说法是 56 个民族,我看不止,"老船长用肯定的语气说,"居住在日月潭东南面山上的'邵族',人们容易把这里的'邵'当成一个普通的姓氏……"

末了的题目是:"你能够读懂简化的汉字吗?"老船长伸了一下舌头,坦言:"读起来相当吃力。你们知道吗?台湾的公司想到大陆做生意,对派出员工都必须进行培训,让他们先学会使用简化字……果农们都有个体会,枝叶要修剪,而根则不必去动,保留原根。汉字也是一条'根'呀!"

老船长脸露几分愧疚:"终于被你们考倒了,见笑,见笑。"我连忙说:"不不不,老乡,你的答卷非常出色,佩服还来不及呢。"

他抬头看了看天色,郑重其事说道:"还有一个地方——玄奘寺,你们应该去瞻仰一下。"大家都说好,玄奘历尽千辛万苦赴西天取经,我们怎么能错过这个机会呢?游船在船长手里转弯掉头,朝湖畔玄奘寺所在地疾驶而去,不一会就靠了岸。我们沿着山坡拾级而上来到寺前,不约而同地把满心虔诚躬为 90 度……原来,抗日战争期间,日本人从南京天禧寺劫走了部分玄奘遗骨,战后通过世界佛教协会与日方交涉,才于 1966 年从日本取回,恭存于现在的玄奘寺内。

天渐暗。在返回游船码头途中,有一阵幽香袭来。老船长跫进路旁,采来了几朵状若小球、并不张扬的花,逐朵轻轻地捏了捏,边分发给我们边说:"这花叫含笑,瑞香瑞气,种在

探雪

庙宇附近正合适,你们收下就带上了吉祥如意!"

含笑,多好的含笑,相见恨晚啊!我仔细地把它放进衬衣口袋中。此时此刻,放眼浩淼的日月潭周遭,远近高低各处,码头、旅舍,有灯的地方都亮起来了。灯光彩影中,日月潭在笑,老船长也在笑。

在鹿港读妈祖

足迹

去鹿港小镇的路上,我向台湾朋友探询"鹿"与"港"关联的缘由,得到的回答是文学的,"开台早期此地有鹿群聚集,杂花生树,鹿鸣呦呦,潮水拍岸,海天一色,是一切生灵共享大自然的乐园。"

历史悠久的鹿港小镇,随着开台先民的不断泊舟登岸,人类的生活气息越来越浓,鹿的影踪在传说中越去越远。

小镇坐落于台湾西海岸的中间点上,清代时曾经是台湾的第二大邑,大量南北货物由此转运。如今当年式的繁荣已不复存在,却相对成为台湾古迹保留最完整之城镇。鹿港与泉州隔海相望。心里上,因为同样萦绕着妈祖香火,它似乎离我的家乡莆田更近。

置身鹿港,分明被一种故乡的感觉所浸染。天后宫(妈祖庙)牌楼正对面的那条街,窄窄的,暖暖的,小吃摊、香烛店、杂货铺一个挨着一个,流露着淳朴与古意。蚵仔煎(海蛎

探雪

饼)、细米粉、绳面(长寿面)、煮晒花生,莆田有的鹿港都有。甚至还出售木头做的"红团印模",孩提时代,每年春节我帮祖母用它"印"出一只只红团,"印"出了多少吉祥与欢乐。看着、看着,我掉队了,接同伴呼唤,才小跑着往前赶去。

鹿港天后宫创建于明末清初,供奉莆田籍"湄洲妈祖"神像,湄洲开基妈祖有两尊,她为其一。我之所以用"莆田籍"三字,因为妈祖确有其人,出生于莆田湄洲贤良港,实名林默娘。她行医济世,勇救海难,义行感人而身后被尊为神明,获宋元明清历代皇帝赐封,并在乾隆手里列入祭典。闽粤先民渡海来台后,普遍将妈祖奉作守护神。由鹿港天后宫"分香"台湾省内的妈祖庙多达六百余座,而"分灵"去世界各地的妈祖神像愈千尊。每逢农历三月二十三妈祖生日,进香参拜者如群鹿万千纷至沓来,使天后宫为之沸腾,成为鹿港的一大盛事。

台湾朋友告诉我们,每年都有一次台湾全境的妈祖出巡,人们从大甲出发,经新港,再回大甲,浩浩荡荡徒步三百多里,香事历时8天7夜——人类与"忍累"谐音,心存信仰就特别能吃苦,而信仰的集中检阅,乃是一种可视的力量。妈祖信仰是非物质的,然而她恰恰是一座把人们引向无限博爱之桥。台湾妈祖信众前往莆田湄洲天后宫谒祖始于1817年,191年后的2008年,应莆田湄洲祖庙之邀,台湾一百三十多座妈祖庙的信众代表,共三百余人,从鹿港出发,通过"小三通宗教直航",赴湄洲参加"天下妈祖回娘家"活动。全世界二十几个国家、地区的三百多尊妈祖参与了此次大典,鹿港天后宫妈祖在正中湄洲祖庙妈祖左手侧首席就座。盛世会香,共祈平安。

走近气势雄伟的牌楼,便有香火气息扑鼻而来。时值中午,牌楼前的广场上,一阵喧天锣鼓之后,但见舞龙弄狮,煞为热闹,原来是在迎接远道而来的进香团。朋友说,一年四季,这样的情景剧经常上演。我因此心生感慨:纵有裂岸惊涛,也无论如何冲不掉根植于宝岛民心的"中国化"。

穿过牌楼,拾级登阶进宫。整座庙宇层次分明,合围而自成一体。宫内设有多个殿,正殿供奉妈祖,殿顶八卦藻井极尽华丽,殿前香火把虔诚点燃。还有钟鼓亭、太岁厅、文昌厅、拜斗厅、月老厅、龙楼凤阙、香客大楼。它们在宫内的具体方位,于今之我已难以言详,林林总总数列以出,意在表明鹿港天后宫之恢弘壮观。

而对鹿港天后宫的香火之旺,及其与莆田湄洲天后宫的亲缘之固,记忆极为深刻,淡忘亦难。当时我就说,这里香火味的浓密度犹如我在茅台酒厂整个厂区嗅到的酒香之浓,弥漫于每一寸空间。当然是截然不同的两种味,因为我怯惬酒觞,加上妈祖因素,我更喜欢这里的香火味。与同伴在凌霄宝殿前敬香,我往铜炉里插上一束高香后,甫一转身,一幅巨制壁画从下层一堵墙的背面映入眼帘,定睛细看,其上方有块匾,上书"吾家圣女",画之上沿写着"福建省兴化府莆田县湄洲祖庙天后宫全景"字样。从画中景物判断,此画已有年矣。

多么亲切的"吾家"呀!海峡两岸原本就是一家。多么伟大的"圣女"啊!两岸和平一肩挑。祈福济世、消弭纷争已然成为妈祖文化的内核,共同的信仰牵出了漫天灿烂霞光。

鹿港,彰化平原上的一颗明珠,妈祖传奇中的一篇华章。

离开鹿港小镇的时候,我不由想起"汪辜会谈"的一方,一个为海峡两岸和平发展做出重大贡献的台湾人:辜振甫先生。辜公就生于鹿港,这真是耐人寻味。

足迹

并不遥远的新疆

当时去新疆,也是这样的夏热季节。说巧和不巧都可以,去的时候光顾上海的台风尚未完全告退,风不断雨时续雷声隆隆,给飞机起飞带来了麻烦,延误了航班时间;想返回的时候上海又在刮台风,结果预订的航班被取消,只好把行李拉回乌鲁木齐宾馆,再逗留一天。两个台风之间相隔只有八九天。

尽管如此,高兴的心怀并没有受到影响,因为我们一行采风的过程非常顺利,靠小飞机"驳运",行程计划内的地方都去了,所到之处莫不是置身于诚挚热情的氛围中。

重新安顿好住宿房间之后,闲着也白耗,我决定上街走走。两个目的:一是寻访"八楼的二路汽车"。当时,刀郎的《二〇〇二年的第一场雪》这首以乌鲁木齐为三维背景的歌正风靡全国,曾经有人问我:二路汽车怎么会开到八楼去呢?我说,人家是这么唱的——"停靠在八楼的二路汽车",揣测

探雪

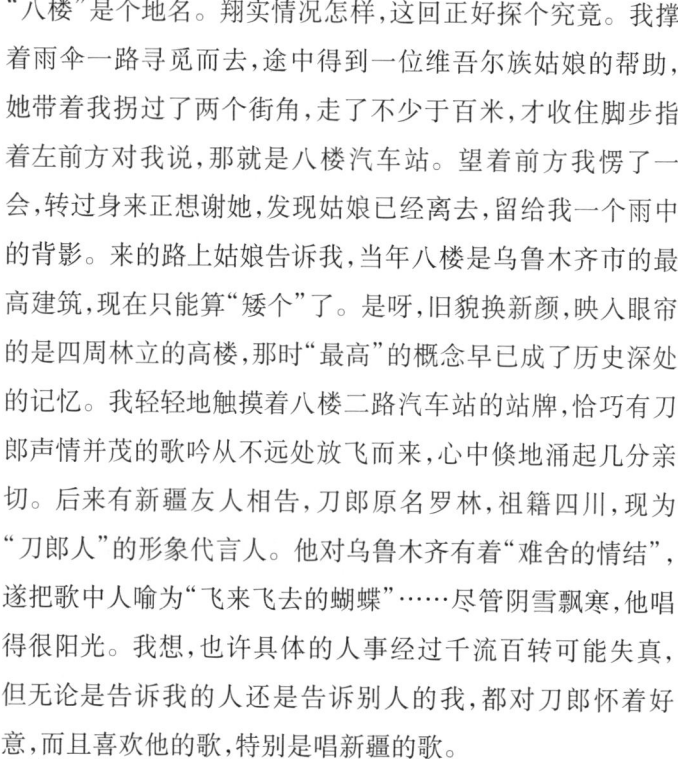

"八楼"是个地名。翔实情况怎样,这回正好探个究竟。我撑着雨伞一路寻觅而去,途中得到一位维吾尔族姑娘的帮助,她带着我拐过了两个街角,走了不少于百米,才收住脚步指着左前方对我说,那就是八楼汽车站。望着前方我愣了一会,转过身来正想谢她,发现姑娘已经离去,留给我一个雨中的背影。来的路上姑娘告诉我,当年八楼是乌鲁木齐市的最高建筑,现在只能算"矮个"了。是呀,旧貌换新颜,映入眼帘的是四周林立的高楼,那时"最高"的概念早已成了历史深处的记忆。我轻轻地触摸着八楼二路汽车站的站牌,恰巧有刀郎声情并茂的歌吟从不远处放飞而来,心中倏地涌起几分亲切。后来有新疆友人相告,刀郎原名罗林,祖籍四川,现为"刀郎人"的形象代言人。他对乌鲁木齐有着"难舍的情结",遂把歌中人喻为"飞来飞去的蝴蝶"……尽管阴雪飘寒,他唱得很阳光。我想,也许具体的人事经过千流百转可能失真,但无论是告诉我的人还是告诉别人的我,都对刀郎怀着好意,而且喜欢他的歌,特别是唱新疆的歌。

上街的第二个目的是,买一个好点的生肖玉挂件。那是一爿专营玉器的私人店铺。我说明了来意,并报了自己所属生肖。店主拉开柜台玻璃门,遍找无着后抬起头歉意地说卖光了。这时,他妻子看了看我和他,对他努努嘴,说:"达斌,这位大哥来一次新疆不容易,而且诚心要买,你就把自己挂的一只让了吧,好不好?"达斌稍有迟疑,笑了笑说:"好,听娘子的。"边说边解下脖子上的生肖挂件递给我。接过手,便知这是一块极为润泽的上等玉!交谈得知,男主人是汉族人,属相刚好比我小"一圈",女主人是哈萨克族人,与达斌同学同龄,自由结对,相敬如宾,都是当地土生土长的。我忐忑于夺人所爱,而且又是低价出让,想加付一些钱,夫妻俩无论如何不肯接受。"交个朋友嘛,"达斌的妻子说,"我们找块好玉比你容易。"得玉识人当认缘,乐与友谊共始终。往后的岁月里我们成了好朋友,经常互致电话。前两天他们电话里告诉我,明年争取来上海看世博会,我说你们一定要来,参观的票子我会预先购好的……

时移心得在。难忘新疆,记忆中有碧玉般的天池,犹如童话世界的火焰山,还有柏孜克里克千佛洞南北朝遗存壁画上用汉文、回鹘文双题的榜书,唐代诗人岑参描写丝绸之路上的烽燧的诗句:"寒驿远如点,边烽互相望";亲切新疆,记忆中有老乡林则徐手植的柳树,第二故乡上海当年十万知青栽培的白杨林,还有撒出一把音符漫遍九州的刀郎,将自己心爱的生肖玉坠让出来的那对恩爱夫妻。

把行李从机场拉回宾馆的那天,上海在下雨,乌鲁木齐也在下雨,莫名冒出一种同在一个"雨区"的意念,觉得两地距离并不遥远。

探雪

历雪的另一个刀郎

给我拨打手机的人,首先听到的是悦耳的彩铃——刀郎的金嗓:"2002年的第一场雪,比以往时候来得更晚些,停靠在八楼的二路汽车,带走了最后一片飘落的黄叶;2002年的第一场雪,是留在乌鲁木齐难舍的情结……"尽管"双向收费"至今还借手机的躯壳顽强地活着,欣赏美妙要付出代价,但不曾有人叫过屈。音乐真是个好东西!

这回随"上海作家和旅行家考察团"赴疆,在乌鲁木齐逗留时,我顺便去踏访了刀郎歌吟中的"八楼",还在二路汽车的站牌下拍了照。原来,这"八楼"是以附近的一幢八层楼建筑命名的公交车站。多年之前,此楼乃当地"至高无上"的标志性建筑,而今,这里遍地高楼接天,汇聚了万千气象,新疆的发展与进步由此可见一斑。

在阿克苏地区阿瓦提县考察时,我们意外撞着了另一个"刀郎",能歌善舞的刀郎人。他们的"根",伸触到历史的风雪深处——

　　公元十三世纪,勃兴的蒙古人建立了蒙古帝国。天山以南及中亚广大地区是成吉思汗次子察合尔的封地。察合尔去世后,其封地分裂为许多小王国,长期相互征战。人们饱经战乱之苦,纷然出逃,有的被封建农奴主掠为奴隶,刀郎人就产生于这一批批难民和奴隶。初时的刀郎人由蒙古杜格拉特部与维吾尔人融合而成,后来已不再限于某个民族,成为各族反抗封建贵族统治的下层人的联盟。"刀郎"一词,即"集中""成堆汇聚"之意。

　　刀郎人不堪忍受奴役,遁入大漠腹地的胡杨林,过起迁徙流浪的生活。在远离人世的环境中,他们或狩猎游牧,或从事落后的农耕,靠坎土墁和包谷馕唤醒了沉睡的荒漠,并逐渐形成独特的习俗、语言和文化。他们想唱就唱,随心所欲,让孤苦、寂寞一吐为快。直到二十世纪,刀郎人才停止流浪,建立了一个个名曰"刀郎"的村庄和乡镇。

　　现在,刀郎人把舒坦写上了额头!刀郎文化已然成为维吾尔文化中独树一帜的分支。

　　去阿瓦提县的当晚,就领略了刀郎歌舞的魅力。我是舞盲,曾经赶鸭子似的下过两次舞池,差点踩肿了对方的脚,所得评语是"像搂着一段老树根",说不准刀郎舞的要端和妙处,因此只得弃舞而谈歌。

　　"哎!岂那……"随着一声惊天动地的呐喊,刀郎艺人边奏响手鼓、热瓦甫、卡龙琴等乐器,边纵情歌唱。歌声或激越或舒缓,犹见胜猎喜悦,似闻思亲愁苦,苍凉的呼唤带着几分

探雪

沙哑,其穿透力直抵人的心灵。艺人中有几位年逾八旬的"老顽童",气吐虹霓,声如洪钟,猛男风采尚存。当地一汉族友人见我满脸惊诧,咬上我的耳朵:"八十几岁的刀郎男人,有的还会种养小孩呢。"我一愣,竟分不清到底是实话还是浮语。脑子里这么想,以得补失乃谓天心公平,刀郎人特别顽强的生命力,追寻历史,当是戈壁、大漠的无数场风雪赐予的。

席地而就的矮桌上瓜果飘香。陪同我们的当地宣传部长递给我一块哈密瓜,问我,你觉得刀郎的《2002年的第一场雪》怎么样,未等我开口,她自作答:"感情真挚,委婉而缠绵,极具个性,宣示了年轻人对爱情的向往和追求,这与刀郎巴亚宛民歌有着相通之处。当年刀郎人浪迹于茫茫戈壁,便唱道,'走出荒凉的戈壁,流水是否能够看见?离开了心爱的情人,会不会就疯疯癫癫?'待到深秋,胡杨的叶子一片金黄,他们也收获了一份好心情,遂改唱道,'金色的黄叶像满月,让你满面发光。离别时心中的惆怅,已变成温情填满胸膛'。历来的情歌,无疑是人类的心弦之音。"……

人们踏进刀郎村落,目击深深浅浅地钤着刀郎印记的历史遗迹、民间习俗和自然风光,会不由自主地联想起阿克苏一带形态特异的山峦来,虽然没有寸草装饰,却美得醉人。我们一行中有人为此而惊呼:"这才是脱离了低级趣味的山、纯粹的山!"刀郎村落,同样给人一种大纯大真的美感。

随"第一场雪"播名的四川人刀郎,原名罗林,他的妻子一直在乌鲁木齐,猜想,那八楼有着他们回不尽的味;刀郎人

180

为刀郎的"第一场雪"所打动,向他颁发了大红聘书,请他担任阿瓦提县的文化大使。刀郎欣然衔命:"冬不拉是要人去拨拉的,民族团结和发展的事要大家来支一把。"话不在多,透彻为上!

今人不识古时雪,西域驼铃响至今。相得益彰的两个刀郎,融入并参与创造新的文明。

探雪

情愿泰山

早就知道泰山古称岱山,至于何时改的名却不清楚,前阵子怀着虔诚,十七年后二度去了那里,多谢泰安市新闻界朋友垂教,才晓然岱山改称泰山是春秋时的事儿,距今已有两千六七百年。鲁国的编年史《春秋》涵括了这一时期。活了72岁的孔子,有70年时间是在春秋时代度过的,否则,也许就不会有孔子参与修订《春秋》的传说。

浩浩神州,泱泱中华,山多得难计其数,能与天上的北斗七星相提并论的唯有泰山。"泰山北斗",尽染国人尊仰之情。我赞成一位泰国友人的话:作为中国高山的代表,泰山具有地标意义。谁可以"有眼不识泰山"?

泰山之所以声名远播,古来如雷贯耳,有人说这与泰山在"五岳"中的特殊地理方位有关,古人视东方为"初春萌动"之圣地;有人说这与历代帝王前来封禅有关,一呼而万众共仰;有人说这与孔夫子登临,且多施予锦心绣口有关;有人则说这与司马迁的警句"重于泰山"有关,其影响深远地教人明白,人生的意义有着孰重孰轻的取舍;有人说……种种说法都不无道理。窃以为,泰山成为山之名家是诸多因素"集大成"的结果,乃苍天的赐予,历史的青睐,文化的积淀,人心的依归。

名山的感召给人以力量。巍峨泰山,从山麓而中天门,经十八盘而极顶南天门,有石阶六千余级,欲徒步登顶着实不是易事。然而每年好几百万的游客中,有不少人是弃缆车而一级一级爬上去的。尽管气喘吁吁,汗流浃背,仍乐此不疲,心甘然而情愿之。

泰山之巅,有着全国唯一一支没有消防车辆的消防队。他们特别能吃苦,特别能战斗。这里平日湿度大,寒暑两季雾气重,隆冬之时最低气温可达零下28摄氏度。营房的双层玻璃难挡寒气,室内水缸让冰撑破了肚皮,馒头也冻得开了花。这里没有自来水,官兵们只好从远离驻地的山坡下挑水吃,盆大的泉口,一天只能取出几小桶水。遇上泉水冰封,就只能拿雪化水饮用。但是为捍卫一方平安,他们心甘情愿。

南天门景区是古建筑群和摩崖石刻的集中地,每处皆无价之宝。历史曾经给人们上过一课:立于公元前209年的秦二世诏书泰山石刻,碑上原本有222字,清乾隆五年一场大火后仅存10个字。损失惨重。守护好这一胜地,"责任重于泰山"!消防官兵牢记对大山的承诺——"有警必出、有险必抢、有灾必救、有难必帮",不仅确保了泰山重点景区的安全,

探雪

而且十多年如一日坚持为游客和当地群众张罗好事。

　　了解这个"全国公安消防部队英模群体",多亏泰安市的路红记者。路红是青岛小说家老李的知交,朋友的"呼啦圈"一转,她很快就成了我们行列中的一员。投缘投合,大家两天里说的话可以装满几节车厢。啊,谁说山东只有大汉才豪爽?苗条的路红小姐照样豪爽得让我们开心与尊敬。联想人的内在质地与养育场所水土之间的瓜葛,我揣测着她身上的泰山"基因"。路记者陪我们游览了景区,还参观了英模驻地,很累的,然而她说为了远道客人,为了泰山,情愿!

　　"岱宗夫如何,齐鲁青未了。"泰然之山象征着"自立于世界民族之林"的定力;平安之山寄托着吉祥和谐的国愿。由泰山承载的"世界文化与自然双遗产"是我们永远的骄傲。游客与卫士,所有的情愿,盖出于泰山给予人的一种精气神。山不老,忾续春秋长。

足迹

世界遗产入江郎

浙江衢州的江山市,是我国用"江山"命名的惟一县级市。境内的江郎山,以其独特的存在形式,为毛泽东的诗句"江山如此多娇"提供了真切而生动的诠释。

司机说,此地毗邻福建。于是,我随手给武夷山那边拨通了电话。朋友告诉我,江郎山确实很美,特别是"一线天",值得好好玩味。

朋友还相告,江郎山与咱们福建渊源悠远:传说中,闽人农家兄弟郎、亚、灵仨挑担入浙,受阻于一座大山,心急之下,抡起扁担朝着面前的大山奋力劈去,劈出两条路来,遂有了今日江郎山的郎峰、亚峰和灵峰……

传说极尽浪漫。眼前冬姿俊逸。

我们的车子停在了山脚下。一方平整地,一汪清水塘。雾霭飘飘,三峰倒影仅见依稀。仰望,岩峰突兀,石径蜿蜒。环顾,群山错落,林木扶疏。

探雪

平地侧面,布置于画廊的 catalog 述说着一个惊心动魄的壮举:2013 年 9 月 28 日,远古的守候迎来了一位名叫杰布·克里斯的飞侠,身着翼装从 800 米高空的直升机上纵身滑翔,穿越郎峰与亚峰之间的"一线天"。短短的 49 秒,点燃了数万观众的激情,爆发出阵阵呐喊。尖叫惊飞栖鸟,声浪遏止流云。

"感谢江郎山,让我欣赏到了前所未有的美景。这是我所有飞行中最具挑战、也最值得骄傲的一次,太不可思议啦!"成功后的杰布激动不已。

拾级而上,听导游继续叙说:"你看,这一线天通道其实并不垂直,且有斜度,长 390 米,高 98 米,最窄处仅 3.5 米,穿越难度极大,稍有偏差,就要粉身碎骨。翼装双翼长,伸开两臂掠过时,离峭壁最近处只有 60 厘米。"

天造地设的江郎山,世界最狭长的一线天,让挑战翼装飞行极限的杰布奏响了旷世绝唱,赢得了"当代最强悍的冒险运动家"的美誉,从此他的名字永远和这座山粘贴在了一起。

人家从西半球不远万里而来,而身为闽籍中国人的我时至今日才与江郎山谋面,不禁心生"来迟了"的愧疚。

难得爬山,提腿投足有失自如,然而心旷神怡,吐纳之间分明有着一种宜爽,这大概就是人们所说的负离子在暗中帮助我吧。掉头往下看,游客络绎如龙。离我二十余级石阶处,有两位年龄与我相仿者已气喘吁吁。"加油!加油!"我冲着他们呼应。同为山野道上人,相逢何必曾相识。世界说大亦大,说小亦小,在一线天里结识,这是不可多得的缘分啊。

站在通道半程的中心点抬头望,一线天由谷口看上去的由线状转换为虹形大弧线。虽然没有七彩,只见湛蓝,但这是天之本色,映照出环境的明净,为游人所津津乐道。

一线天坡道尽头有个茶亭。歇脚时,那两人问我:"历史上的江郎跟这江郎山是什么关系?"这一问倒让我想起"江郎才尽"的典故来。我说:"浑身不'搭界'。那个秀才生于南朝,真名江淹,'江郎'是昵称,没记错的话,是河南商丘人。江郎晚年诗文大不如前,时人都说他'才尽'了。""噢——,原来是地名与人名的巧合。"

钟灵毓秀,盛世成才。如今,这里的江郎们,充满了开拓进取的才情与活力。

江郎山以三峰为轴,铺开6个景区,方圆十余公里。除了一线天,还有三峰列汉、洞岩钟鼓、东山草堂、江郎书院、霞客亭等多处景点。因行程另有安排,未能逐一访赏。

比起徐霞客来,已然领略得够丰富了。徐霞客曾三次欲登江郎山,由于天公不作美等原因均未如愿。但他留下了对这里景色的传神描绘:"山渐合,东支多危峰峭嶂……其南一峰耸峙,摩天插云,势欲飞动……"唐代诗人祝其岱似乎也不曾尽兴问顶,否则怎么会有"待我养成翎翩健,奋身直上翠微巅"的吟哦。

两年之前,我得幸参与编撰《中国的世界遗产》诗画册,为中国45处"申遗"成功地各赋了一首诗。中国推出了6个地方的丹霞山"捆绑申遗"。江郎和武夷同属丹霞地貌,是江浙沪地区惟一的世界自然遗产。我去了武夷山,江郎山没有来过,这回总算补上了缺憾。

江郎山,衢州骄傲的地标,江山得意的符号,已经写在了我记忆的首页上。

探雪

静静的西城墙

笔下是上海嘉定的西城墙,半月之前嘉定镇文化中心严震华主任领我沿着城根踏勘,我仔细用脚在地上丈量过的西城墙。

这城墙老迈又青春。老迈是因为体表光影依稀,印痕斑驳,墙上的砖石非铁而胜似铁,凝聚着铁的冷峻与沉重,更有墙体砌进了先人搬运和堆垒时淌下的汗水、留下的指纹,这一切写出了一卷沧桑;青春是因为它与今日阳光下的绿地相伴,满地不知愁滋味的小草,以其特有的清新气息濡染着它的鼻翼,更有蝴蝶的彩翼撩拨着孩童的歌声从草坪上款款飞过,这一切绘就了一幅不老的春天。

阵阵硝烟弥漫过

西城墙从南宋嘉定年间(公元1219年)修筑至今,站立的时间久了,也许它的脚已经有些儿酸了,然而当初的风韵却历历在目。它的眼前有铁蹄踏过,呐喊声掠过;它的垛口有硝烟弥漫过,旌纛高扬过。中华民族抗击入侵者的不屈英武,当年劳苦大众反抗黑暗统治的激烈壮怀,可歌可泣,浩气长存。

众所周知,城墙或关乎域内战事,或关乎外敌入侵。万里长城的出现,是为了护佑社稷,没有被孟姜女哭倒,历史证明此乃统一路上的必然产物;上海地区的所有城墙,无一不是为抗击倭寇、保护家园平安而生,此乃树欲静而风不止,形势所逼使然。嘉靖三十二年(公元1553年),上海(当时为县制,在今城隍庙老城厢一带)吃过倭寇的大亏,来自东海的倭寇曾经5次入侵,财物被洗劫,民房被焚毁,妇女遭受奸淫,甚至县丞和镇抚也被残杀。如今的索马里海盗只在汪洋大海中抢掠,而东洋海盗除了海抢,还上岸打家劫舍,铁证了这个民族骨子里的扩张性和残暴性。吸取血的教训,倾力加固城防。明代中叶,共有36座城堡卫所遍布上海(指今上海市版图内)各个区域,高墙厚壁,如同挺胸屹立的卫士;万众一心,有效遏制了东洋海盗。

岁月之川流逝不居。而在嘉定地区,迄今民间还流传着发生在西城墙城门外的抗倭小英雄石童子的故事:倭寇两度进犯嘉定,均被民众击退,然贼心不死。一天晚上,倭寇采用声东击西的诡计,佯攻东、南两座城门,暗中集千人趁夜色掩护攻打西城,正欲点燃引信炸城门之际,被起夜的石童子及时发现,他不顾个人安危,趔着身子冲上前去,一泡尿把引信给浇灭了。石童子边跑边呼喊,惊醒了经过前两场保卫战、

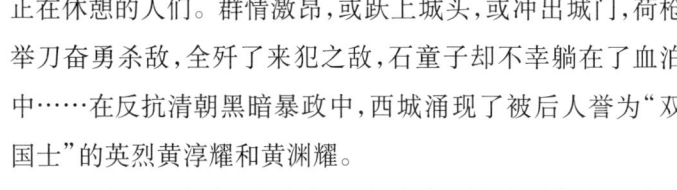

正在休憩的人们。群情激昂，或跃上城头，或冲出城门，荷枪举刀奋勇杀敌，全歼了来犯之敌，石童子却不幸躺在了血泊中……在反抗清朝黑暗暴政中，西城涌现了被后人誉为"双国士"的英烈黄淳耀和黄渊耀。

及至1928年春，中共嘉定县委以西城墙所在地西城为中心，领导聊生难继的西乡群众，掀起了一场以"抗租、抗债、抗粮、抗捐、抗税"为内容的"五抗"斗争。先后举行6次暴动，历时两月余，其威势震动了整个上海。抗争失败后，国民党反动派在西门外的高义桥头，杀害了领头的共产党人沈金生、周慰农、张吉人、陆默深、廖家礽等人，丧心病狂地将他们的头颅悬挂于西城墙上。悲歌一曲从天落，义胆忠肝耀春秋。

悬悬去留经历过

可以这么说，城墙的出现和能否继存，从来就不是孤立单一的现象。它总是与当地的自然环境、民风民俗、城市变迁等条件紧密相连。倭寇之患平息后，随着政局的变化、经济等方面的发展，城墙的功能日渐衰微。民国元年（1912年）上海市区开始拆除城墙，两年后在旧城址上修建了民国路和中华路。新中国成立后，上海地域内的古城墙仅存11处。市中心只在大境路大境阁保留了一小段城墙，川沙的古城墙业已拓建为公园，奉贤的古城墙则不复存在，其余数处，除了嘉定的古城墙，别的都不那么景气，其趋势是：与交织烽烟的历史说再见，悄然淡出人们的视野。

究其实，嘉定的城墙也险些荡然无存。元代末年，经义军领袖张士诚派遣一员大将负责重新修固过的嘉定城墙，周长5646米，高5米，城脚13米厚。用石很少，多为深灰砖料。城墙沿着沥河与练祁河，形成了东西南北四条大街，街口分设东西南北4座城门。上世纪七八十年代嘉定城区改造，城墙基本上被拆光，南、西两处的残墙，因为紧挨着居民房屋不便"剥离"而得以幸存，这才有了90年代开始重新修复的后续文章。

嘉定的西城墙之所以能够保存下来，与人们对文物的保护意识不断增强，也与当地近几届主政领导的远瞩眼光和得力举措分不开。在又一轮城区改造中，他们认真听取了有识之士姚旭参等人的意见，认识到古城墙是中华民族不屈不挠抵御外侮的物证，对古城墙遗存施行保护，可以让后人在历史的浸渍中获得精神滋养，从而更加懂得珍惜今天的美好时光。于是，他们统筹兼顾保护自然、文化遗存与发展经济、城区改造，正确处理两者关系，使之并行不悖。回过头予以审察，这种抉择是明智的，符合人们的心愿。

长长画卷巡阅过

嘉定，有着近八百年的历史，先人为它留下了一大笔宝贵财富：城区内有上海地区现存最为完整的孔庙，还有吴兴寺、秋霞圃，所辖南翔镇有古猗园、南翔砖塔……林林总总积淀了丰沛的文化底蕴。上世纪50年代，嘉定就被命名为"上海科学卫星城"，改革开放后又成了"汽车城"，近些年"Fi赛

探雪

事"再落户嘉定。可谓前行风生水起,面貌日新月异。

数说嘉定及其西城墙,西大街是不可忽略的。西大街之名系解放后由原来的"西门"改称而来。早在清代仁宗嘉庆年间,西门的练祁河两岸便有了近千户枕河人家,呈现一派小桥流水人家的江南韵致。民国时期,自西城门至聚善桥,短短1华里街道,250余家大小行庄经营有方,购销两旺,市声不绝于耳。一批决心实业救国的仁人志士,在西门外开设了享誉海内外的嘉丰纺织染造厂。毋庸置疑,西门是嘉定乃至上海现代纺织业的集聚和发祥地。由嘉定有识之翘楚廖寿丰、黄世荣、吴拯寰等人创办,西门工商界吴蕴初等人资助的各式学校,为国家培养了一大批德才兼备的优秀人才。今日之西大街,仍然是上海市最长、最古老、最本真的一条老街。上世纪末叶,嘉定政府部门明确将西大街定位为"复兴"的"历史街区"。2005年,上海市规划局把嘉定西门列入"上海市历史文化风貌区";4年后,这里的嘉定镇又被国家建设部举荐为"中国历史文化名镇"。历史与现代和谐共处,交相辉映。其中就有古城墙,它的存在为这幅美好的画卷增添了古朴厚重、意味深远的一笔。

默默城垛触摸过

行文至此,该直接伸手去触摸西城墙啦。一路走来,严主任谈锋甚健,如数家珍,领着我穿越悠长的时间隧道,虔诚地来到了西城墙跟前。

西城墙分为南北两段,中间隔开一座带有装饰性垛口的小桥。我们往南边折行,先映入眼帘的是一堵绿墙。"哪儿是西城墙?"我急奔主题,问道。"这就是。"她指着绿墙简洁托出答案,接着说,"有人建议把墙上的绿藤去掉,让城墙裸露看得真切,市里的文物专家却认为,墙上攀爬青藤有利于古城墙保护,就没有去动它。"我们放缓脚步绕着城墙行走,我心中默数着,从头至尾走了115步。折返,走过小桥向北而行。她边走边介绍:"这段城墙是2000年在原有残墙上按照南段城墙标准修缮起来的,设城垛49座……"由于墙上藤蔓稀疏,露出了它的筋骨肌肉和状若尽根牙的垛座。我又默默计算,这段走了356步。两段相加共471步。严主任笑了,说:"你要具体长度,我可以叫人来量一量。"我也笑了,说道:"不用了,凭我结巴巴一米七的个儿,不难根据步幅换算出它的长度来。"她视准确丈量城墙为自己的职责,其工作态度之认真和对古城墙的情感由此可见一斑。

　　隔着护城河,我左右摇晃视线往对岸望去。多么漂亮的一条绿化带啊!绿化带位于西环城河东岸,紧贴着城墙根向南北两端延伸,从清河路直抵人民街,就是说城墙有多长,绿化带就有多长。绿地上面栽植着各种各样的花卉树木,叫得出名字的就有龙柏、雪松、柳树、桃树、海棠、桂花和樱花。据说,草坪上的地被植物竟多达十余种。绿化带外侧,沿河修造了整齐划一的栏杆和蜿蜒曲折的步道。但见两位红领巾在绿化带的小亭中潜心对弈,又闻钓上鱼儿的长者传出开怀的笑语。这一切昭示我,园林部门的设计极尽人文巧思,点点处处都是城市文明的恩泽。

探雪

天时地利人和,造就了一方胜迹佳境。这是嘉定人的福气,更是上海文物保护的福音。以历尽沧桑的西城墙为背景墙、总面积4000平方米的绿化带,已然成为大家阅览历史、散步休闲的优雅场所,极具象征性与现实感。这条特殊的绿化带,分明是一条现代人的心灵依归之路。

西城墙深情注视着步履轻快的人们,静静的;护城河宛如一匹精工织造的绸缎向东飘去,静静的;阳光透过树叶缝隙投下的斑驳影子,静静的;墙内几家果棚上垂挂着的一串串葡萄,也静静的……

足迹

在地震灾区

有明眼人无意间发现,从辽宁海城一直到云南丽江,中国的大地震区竟然形成一条斜贯整个国境的直线,中国地震史上的强烈地震都发生在这条直线上,如辽宁海城大地震、河北唐山大地震、河北邢台大地震和四川汶川大地震。2008年5月20日汶川大地震;2017年8月8日九寨沟大地震。这两场地震同在四川,相隔9年。汶川和九寨沟一南一北,相去仅三百多公里。

人们普遍关心地震征兆。"地震云"之说古来有之,民间传播面甚广;"动物异常"之说也多闻之,特别是鸟类的表现。两者至今都没有得到科学认证,令人在迷惘中延续着将信将疑。但窃以为,"异常"总有个中原因,值得引起重视和深入探究,肯定或否定都必须慎而又慎。

这回九寨沟地震发生次日,我便从微信上收到一幅鸟类倾巢而出、冲天翻飞的照片。国难当头,有谁胆敢丧良寻欢

探雪

弄虚作假?这照片并非空穴来风,相信是真实的,也许我把人心世界看得太纯净了。不过,我清楚记得,汶川地震时也有类似的照片。这,难道只是巧合——恐怕未必吧。实话实说,我心里排斥这种"巧合论",于是一度想以"地震欲来鸟惊心"作为这篇文章的题目。笔者自忖,"万类霜天竞自由",鸟类不一定什么皆不如人类,它们可能对赖以生存的自然界行将发生的剧变特别敏感。

8月8日晚上9点18分,"九寨千古情"剧场座无虚席,七千多位游人正在观看汶川地震的音像,9点19分地动山摇,人们还以为这是4D的真实效果。剧场内瞬间一片漆黑,砂石如雨,等到灯光亮起,看到有人被砸得鲜血淋漓,才恍然明白是怎么回事。地震来得实在太突然了! 人间天堂、世界遗产地、奇美的九寨沟啊⋯⋯

当年汶川地震后,笔者曾结伴奔赴震区采访,去了汶川、绵阳、北川和都江堰。驻留的七天里,天天都有大小不等的余震。触摸汶川映秀小学的断壁残垣,目睹地震的巨大破坏力,方寸悲戚油然。是时闻名全国的长虹电视机厂对面的体育场仍住着大批灾民。有人向我诉说猝不及防的山崩地裂情景,难掩未定惊魂。有人回顾地震前夕,说及鸦雀乱飞,天象诡谲。我未见其详,只作屏气恭听。抗灾期间,所有进出捐款和物资均由太极集团旗下一家设于绵阳的药厂登记造册并负责发放。接待人员告诉我,救灾物品中,后来最受欢迎的居然是内裤,许多灾民拿到后高兴得举在手中挥舞,因为连日来不停地出汗,身上都脏腻得不行了。一方有难八方支援,灾民已经得到及时安顿,住的吃的基本上有了保证,但还不具备洗澡条件。要不是实地采访,哪里知道他们究竟急需什么?由此看来,脱离实际就谈不上身同感受,因之赈灾时切实做到有的放矢亦难。

  在都江堰,那天我们找了一家墙壁裂得不厉害、门窗也比较完整的酒店。门可罗雀,食客寥寥,邻桌尽是外地口音。我们点了一条鱼,要了一碗面、一扎果汁。被告知,这条鱼要三百多块钱。同伴在台下对我踢脚,嫌太贵。我轻声说,给灾区的钱也捐了,也踏进店门了,就不要小家子气啦。迟迟不见菜肴和果汁上来,事后才知道,原来他们是外出现买的食材。果汁的味道已然游离了新鲜,我们浅尝而止,钱照付。都江堰是上海"对口援建"地,眼下又值非常时期,怎么能多所计较?有一件事让我很感动,至今难以忘却:一位司机指着车子说,我们这里的车身上都喷绘着"拜水都江堰,问道青城山"的字样,这是你们上海的余秋雨先生题的。你瞧瞧,墙壁上也写着呢。在灾后重建的日子里,余秋雨的两句话给都江堰人送去了温暖的慰藉。这分明就是一股巨大而不可或缺的精神力量!"山野千疮坚心在,我当舒眉向天笑",灾区特别需要精气神!

  告别汶川灾区,我们得便去了涪陵,途中经过一个叫"长寿"的地方,司机说长寿之名源于湖中自然形成的"长寿"二字。我马上想起上海不是有条长寿路吗?是的,上海连着全国、属于全国啊!为灾区尽点力责无旁贷。我们从重庆江北机场返沪,在机上有同伴说,你看新修高速公路两旁的山坡

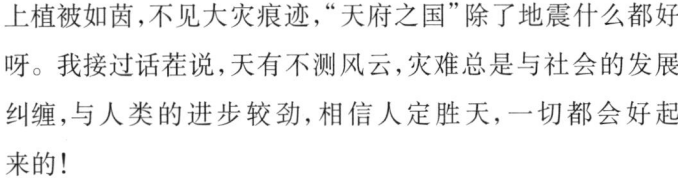

探雪

上植被如茵,不见大灾痕迹,"天府之国"除了地震什么都好呀。我接过话茬说,天有不测风云,灾难总是与社会的发展纠缠,与人类的进步较劲,相信人定胜天,一切都会好起来的!

这里,我要重复一遍文前的意思,对地震包括这次九寨沟7级地震,如果人们能够及时捕捉到震前鸟类的异常情况,引起警惕,也许就不至于那么被动。在科学对地震尚无力提供足够预测提前量的今天,宁愿信其真,思想上多一道防线没什么不好。当然,这纯属后话了。再说啦,旅游本该是乐山乐水,尽情自在,倘若时刻提心吊胆,那怎么能乐在其中呢?就这个意义上,只能是顺从天意啰。不用怕,该放松的照样放松,该游玩的照样游玩,人类不能因此而却步!

我还要说一句,这篇小文乃是依托有限体验的散记随想,请不要当作科学论说来读。岁月不饶人,如今笔者已力不从心,无法亲赴九寨沟灾区采访,只能在黄浦江畔为九寨祈福,遥祝藏羌同胞和所有游人安康!

世界+小学

足迹

世界那么大,小学那么小,连得上吗?回答是肯定的。

上海就有一所世界小学。前些天,从一个早前在那里读过书的小老乡处获悉,这所小学迎来建校 80 周年华诞,除了校内活动,还假座戏剧学院礼堂举行文艺演出,节目精彩纷呈,多为师生自编自演。她讲述时的喜悦神情告诉我,世界小学给她留下了美好印象。

1936 年,著名教育学者陶玄受蔡元培之邀,创办了一所从幼儿园到高中的一贯制学校,此即世界小学前身。校方借鉴世界各国的教育理念,倡导科学救国和教育救国,着眼于学生的终身发展。学校自主开设课程,还组织开展演讲、戏剧、体育等各类活动,成为当时培养学生综合素质的典范。

世界小学坐落于武康路上。早期校舍系近代民主革命家黄兴的一幢英式住宅。这一带解放前属于法租界。现在的武康路被定为上海 64 条永不拓宽的马路之一,道路两旁

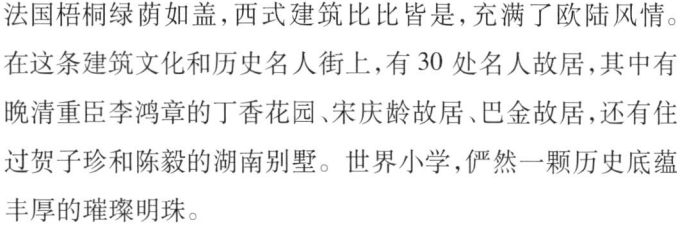

探雪

法国梧桐绿荫如盖,西式建筑比比皆是,充满了欧陆风情。在这条建筑文化和历史名人街上,有30处名人故居,其中有晚清重臣李鸿章的丁香花园、宋庆龄故居、巴金故居,还有住过贺子珍和陈毅的湖南别墅。世界小学,俨然一颗历史底蕴丰厚的璀璨明珠。

1956年,世界小学由政府接收并改为公办的淮海路第二小学。从"世界小学"而"淮海路第二小学",落差实在是太大了。这一改,行政色彩浓了,传统却被淡化了,文脉也几乎断了。环顾全国各地,包括我的家乡文献名邦莆田都有这种情形,一阵风,机械地按照一二三四五……"排排坐,吃果果",这和取消百花名号代之以数序称呼一样无趣乏味。居前的,从教学设备、师资配备到招生,都享有优先权。体现不了公平竞争,挫伤了多数学校办学的积极性,又不可避免地生出许多弊端来。2008年,区政府相关贤明之士主政,恢复了世界小学的校名。当然,更重要的是,让学生"体验成功、自信快乐"的办学理念落到了实处。正本清源,名实相副,善莫大焉!

春风化雨育桃李,"嫩蕾商量细细开"。80年来,世界小学对一大批卓越人才都有着"身心锻炼自蒙童"的培育之恩。这里有:被誉为"世界光纤之父"、荣获诺贝尔物理学奖的著名科学家高琨;第一个将CCTV节目成功落地美国全国有线网的谢诚刚;美国孙中山和平教育基金会主席孙穗芳;美国第一位当上法官的亚裔女性郭丽莲;曾被评为英国最佳十二名画家之一的汤沐黎;作曲家、上海音乐学院院长杨立青;上海交响乐团指挥陈传熙;上海市物理学会理事长、复旦大学副校长周卫鲁,等等。天道眷顾勤勉,百花争奇斗艳!

如今,世界小学更是充满生机,优良的教学传统薪火相传。要求学生视野宽阔、开朗合群、情趣高雅、知书达礼。启发学生"惜取少年时,努力从今起"。学校自设的"老洋房课程",听起来有点深奥,其实是看得见摸得着的。他们就地取材,利用武康路区域宝贵的自然和人文资源,从小培养学生的历史情怀与开拓创新的社会担当。他们在"小班化教学"中,既为学生营造积极向上的良性竞争氛围,也为教师提供了展示业务能力的平台。他们在搞好中华母语教学的同时重视外语教学,举办"校际法语文化节"时,把法国驻上海领事馆的代表也请来了。他们有计划地开展内容和形式多样的校园活动,引导学生去感受身边的点滴美好,争做更好的自己。他们还建立了"家委会主席团成员轮流驻校办公"制度,"推门就听随堂课",任何意见和建议均可通过《家委会驻校办公记录》及时向校方反馈。这种"开门纳谏"的办学模式归属于创举,乃责任心使然,赢得各方点赞。为了这些"特色",领导和教师可谓费尽了心思。正是因为有了这些"特色",学校才不同凡响。"特色"就是亮点,就是"以点带面"的哲学风采。

世界+小学连缀成了世界小学,这名字多么气派啊!其校徽就是一个地球,形象而个性地体现了办学的世界眼光、国际视野和全球意识。立意高远,催人奋进。这样的学校符合家长的心愿和孩子成长的需求。

探雪

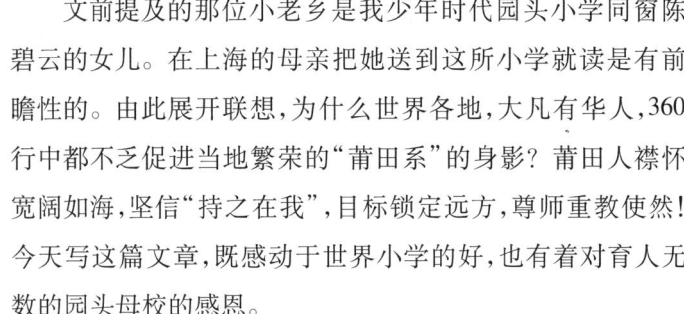

文前提及的那位小老乡是我少年时代园头小学同窗陈碧云的女儿。在上海的母亲把她送到这所小学就读是有前瞻性的。由此展开联想,为什么世界各地,大凡有华人,360行中都不乏促进当地繁荣的"莆田系"的身影?莆田人襟怀宽阔如海,坚信"持之在我",目标锁定远方,尊师重教使然!今天写这篇文章,既感动于世界小学的好,也有着对育人无数的园头母校的感恩。

懂善而得祥

心迹

刚一见面,发现大家都老了,当然我比他见老。这不奇怪,大学里我本来就比他高两届呢。我是陪一位他的同班学友去看望他的。

尽管他已过人事规则年龄,告别了为之竭诚尽智的新闻事业,身子骨依然硬朗。名满天下的窈窕淑女董卿,其修长身材显然是得到他遗传基因提拔的。从他一口上海话里,还挑得出他家乡崇明的口音。

他的名字多好——董善祥,"董"与"懂",音相谐,于是我将其理解为"懂得善而获得吉祥",并猜想这是他父亲的杰作,显露着一种土地般的厚道和淳朴。记得有哲人说过,善,是精神世界的太阳。这颗太阳,一直照耀着他的人生之路,同时也照耀着他的女儿。

数十年的路曲曲弯弯,深深浅浅走过来实不容易。且不提他大学毕业后去军垦农场"炼红心"的那段岁月是多么艰

探雪

辛,就说先后在安徽、浙江的地市级机关从事文秘吧,要做到言之成理笔下有物,既逻辑自恰又符合领导要求,熬夜是常有的事。后来移动到嘉兴日报,挑起了副总编的担子,与同仁们想的是让报纸品质无愧于党的诞生地的荣誉,凭他那股办事的认真劲,不透支体力和精力是不可能的。那是一年春节,都年三十啦,他才披星戴月赶回家,发现家里的年货还在商店里,原来妻子一样忙于上班,也顾不上过年的事儿。两人相视而笑,彼此彼此,互无怨言。噫嘻!善的定义即有益于他人,这样的事业为重,不就是原善演绎出的美丽公心吗?

善祥忆及一件事。有一回与新民晚报商量宣传上的合作事宜,因公事拖延了时间,路上又遇到堵车,让时任晚报总编金福安久久等候。金总在31楼办公室与底楼大厅之间几度往返,最后一次在大门口站立了个把小时。光阴荏苒,善祥却一直记着并常怀歉意。我知道金总也是一个很善良的人,两善碰到了一块,放大而成了弥足珍贵的真诚。

有道是"从善如登"。董善祥急公好义,扶贫帮困,赈灾救难总少不了他。遇事先考虑对不对,而不是考虑对自己有无好处。有时做了好事,还说是代劳的,这是人家的一份心意。平视受助者,言谈举止顾及对方的感受。是呀,行善之所以成为行善,就在于使受益者不觉得自己比施与者低下,这种不露痕迹的爱心善举包含着无穷的乐趣。

八闽盛情相邀,董卿和朱军赴当地主持一台重要节目。董卿随意问省委书记卢展工认不认识她爸爸,对方望着她摇摇头。董卿续问,董善祥您认识不?在嘉兴给您当了三年秘书呢。卢书记握住董卿的手,说,他就是你爸爸,这个董善

206

祥！从不告诉我。

怎能不认识呢？当年卢展工去嘉兴任书记，初来乍到，董善祥陪他下基层，空着双手不带包，把茶杯贴身掖在夹克衫内，老卢以为他连外出用的茶杯都没有，说下回给你备一只。沿袭惯例，向基层介绍新来领导，应该让领导走在前面，董善祥却不是这样，以至于人家把他当成了书记。回去后，卢展工对着满办公室的人毫不介意地说，董善祥人高马大目标大，人家只认他叫他卢书记，说罢哈哈大笑。董善祥亦笑得很开心。善良质朴的他，压根儿考虑不到那么多呢。这就是董善祥，天然去雕饰、实实在在的董善祥！

对爱女董卿，善祥夫妇俩多有怜意。今年春节联欢晚会上，董卿出了口误，将"马东"说成"马季"。董卿认为那么隆重的场合，不应该产生这样的差错，对不起全国观众和马东，吃不香，寝难安。他俩不知道该如何安慰孩子。董卿的妈妈金老师说，春晚前后的那些日子，央视的相关导演和主持人都是超负荷的，晚会的前一天夜里，董卿还工作到凌晨，真的是太累了。我说，哎，就像做报纸的，整版文章中偶然出现一个错别字，那只是小小的遗憾。事情都过去了，人们理解她，一如既往喜欢她，你们就放心吧。

懂善而得祥的董善祥，已经不是以鞍为座的骁士了，但依旧是一个思想者。他心存东篱幽，兴至笔犹健，而且有那么一个好女儿，这是苍天赐予的最好礼物！

探雪

人与土地共多情

27个春秋铸就赤诚警心、大美警魂。俯首是一头黄牛，挺身是一杆红旗。他，就是上海市"平安卫士"、"十佳社区民警"，全国特级优秀人民警察，"五一劳动奖章"获得者邹克耀。

邹克耀不忘自己是人民的儿子，和群众休戚与共，倾情化解社区矛盾；邹克耀牢记"修身齐家"的至理，与美德牵手结缘，切实讲求家庭礼义。他的言行举止抒写了内外一致的劳模风采。

大孝大爱奉丹诚

腊月二十八那天，虹口公安分局宣传科干事杨佳俊带我前往江湾镇车站南路福赐花苑，邹克耀和母亲同住的新家所在地。

放轻脚步走进他母亲的房间。这是一个独立居室，窗明几净,空调、取暖器、电风扇一应俱全。室内空气宜爽,根本觉察不到住的是无法起床自理的老病号,可见邹克耀及其家人是如何的悉心侍奉。

老人家静静地躺在床上,面容清癯洁净,身上盖着柔软的棉被。邹克耀俯下身去,介绍了来人,母亲接收到亲人的信息,缓缓地睁开眼睛。

2005年,母亲股骨坏死,左腿开始不大灵便。同年,去第一人民医院做CT,脑萎缩的诊断出来,邹克耀难过得几乎不能挪步。07至08年,每周叫4趟救护车。就在我们来的前天晚上,老母亲又现危情,邹克耀彻夜伺候,第二天仍然坚持上班。

有道是"百善孝为先"。邹克耀有4个兄弟姐妹,个个都孝敬母亲。妻子原为水仙洗衣机厂工程师,退休后分担家庭重担,减少了丈夫的后顾之忧。她告诉我,邹克耀对母亲真是好得"呒闲话讲",每天回来哪怕再劳累,也要依偎着母亲的脸,跟她说说话。

杨干事插话:"邹克耀常说老人家最怕的就是孤独。为此,他放弃了局工会组织的所有在外过夜的旅游活动。"

母亲今年94岁。邹克耀说,"妈妈能够活到跟'三位数'碰一碰,就是儿孙们的最大幸福。"他早已关照第三代大年初一都来给"老祖宗"拜年。

"老吾老,以及人之老"。邹克耀从尊敬自己家里的长辈,推及尊敬别人家里的长辈,实现了从大孝向大爱的精神层面的跨越。他向社区居民公布了自己的手机号码,叮嘱大

探雪

家有事马上跟他联系,不管是什么时候。

两件事让邹克耀最为纠结:一是棚户区容易着火;一是高龄老人独居。辖区内90岁以上的独居老人有19位,每月上门安检是他必做的功课。近两年,经过多方奔走,送三位孤老住进了敬老院。

有一位独居老太太,早晨去菜场买菜时晕倒在地,邹克耀搀扶老人回到家中,并通知了她在郊区的儿子。儿子给母亲通了电话,就没了下文。下午老人又一次晕倒,好在邹克耀尚未离开小区,闻讯及时赶到,对其进行人工呼吸,救了老太太一命。邹克耀终于来气了,电话里狠狠批评她儿子:"鸟雀知道反哺,羊羔跪母吃奶,你呢?母亲都病成这样了还不回来!"

邹克耀关照老人们,谁家孩子不孝,别难为情,尽管告知我,由我来做思想工作,一回做不通两回,两回做不通三回……

多年来,邹克耀把自己的奖金设为"小金库",用以接济生活困难或缺钱治病的老人。今年春节前夕,公安部副部长孟宏伟来沪慰问一线公安民警,邹克耀把领到的慰问金也作了如上安排;局里发给他的年终奖,至今他已走访了7户人家,用去了一大半。邹克耀说,奖金是"额外所得",是人民给的,花在人民身上我很情愿。

走出邹克耀家门,街头初上的华灯照在行色匆匆的人们脸上,他们莫非是惦记着家中老小,抑或是给应该关心的人送去温暖。我眼前的邹克耀,形象变得越来越高大。

210

敢做敢当为道义

2004年的一个下午,繁忙的主干道四川北路川公路段,七辆残疾车衔头接尾横梗于道,造成了严重堵塞,已波及虹口、闸北、黄浦、杨浦四区。

排堵是交警的事,不!在突发事件面前,不能"分家"。邹克耀获悉立刻赶赴现场,见状心中发急:"格副"样子持续下去,影响范围还可能进一步扩大。

"清路"刻不容缓!

突然,围观人群中有人高喊:千万不能去碰啊!他们都是血友病患者,而且携带艾滋病毒,触碰他们肢体就会大出血……

经过一番紧急了解,究清事情的来龙去脉:四川北路72号地块正处于动迁进行时,小杨是该地块居民,愤于不公待遇而召集了6名病友,以堵路方式向动迁公司施压。像小杨这样的特殊病人,确实需要解决就近及时看病问题,这是一种人道关怀。

作为一名警察,既要从快打通道路,又要为民撑腰,让老百姓胸膛顺畅。邹克耀一个箭步跳上警车顶,大声说了4句话:一,堵路是严重的违法犯罪行为,必须立即终止;二,你们采取过激做法肯定事出有因,我理解;三,15分钟之内我给你们一个满意答复,请相信我;四,赶快把车子开到路边去!

掷地有声,大义凛然。有情有理,入耳入心。他的话音刚落,残疾车"噗噗"响起,堵了半个多小时的四川北路人车

探雪

开始蠕动,交通秩序逐渐恢复正常。

离兑现"满意答复"的诺言仅有15分钟时间!邹克耀心急火燎地奔赴动迁单位,严厉指出他们的所作所为有悖相关规定,已造成恶性后果。经过交涉,终于在法律框架下,由动迁单位、小杨和邹克耀三方当场签订了调解协议书。白纸黑字写明:一个月之内在动迁基地一千米范围内(靠近医院)为小杨购置一套二手房,作为动迁安置。实际上,20天就落实了。他们非不能,而是不把老百姓的疾苦当回事,不为也。

东宝兴路254弄28支弄居民,数十年来一直从新乡路进出。动迁规划中业已明确,该路消失之前必须另辟一条新路。然而,迟迟不见动静,居民们每天只能从工地上"翻山越岭",艰难地行走。有天夜晚,小区内一位张姓老人突发心脏病,救护车绕来绕去找不着路口,耽误了30分钟,不幸未能抢救过来。这件事引起居民极度不满,特别是老年人。翌日晚上,七十多位老人拎着小板凳来到工地大门口通宵静坐,阻止施工。

邹克耀曾是这里的社区民警,看到从前有说有笑的老人面孔熬得像黄焦苹果时,他眼睛湿润了,哽咽着劝导:"我对你们的惟一要求是回家睡觉,你们病了、倒下了,最吃亏的是自己,再给你们开出十条新路又有什么意义呢?"接着,邹克耀递予大家信心:"路总要有的。如果问题解决不了,你们给我备只小板凳,我哪怕'脱掉'制服,也要坐在第一排。"……

在邹克耀据理力争下,3天后一条新路诞生了,6天后开通了。亡者家属也得到了合理补偿。

邹克耀在处置群体性矛盾中,始终以构建和谐社会为出发点,把人民群众的利益放在首位,体现了对人民警察职能本质核心的坚守,体现了一个社区民警、一个七尺男儿的大智大勇。他言出行随,敢做敢当。对他在关键时刻的即席言辞,智慧者自然会有智慧的解读。

妙语妙用解难题

四川北路正兴小区,既有百年历史的棚户群,又有全国闻名的虬江路旧货市场,外来人口多、无业人员多、各种矛盾多,情况比较复杂。打从2005年踏进该小区的那一刻起,邹克耀就一直思考着怎样改变小区现状,让它逐日"正兴"起来。

为此,邹克耀捧出了"两颗心"。一是平常心,踏踏实实,尽己所能,不图私利,跟辖区居民交朋友;一是包容心,对群众设身处地,多予理解,能帮则帮。

他在倾听中了解居民的生活环境,于交谈中掌握群众的内心诉求。这一"听"加一"谈",是他的社区工作艺术,也练就了他高超的语言表达能力。

生活多有尘与烦,一人一事总关情。

社区里有位终身未娶的老伯伯,性情孤僻,与邻舍不相往来。老人收养了36只流浪猫,尿臊味、小虱子扰得周围居民不得安生,邻居屡屡劝说皆无动于衷。大伙无奈,合计着动粗。老伯也不甘示弱,准备来个鱼死网破。邹克耀深入"猫穴",与他拉家常,还把病猫揉进怀里,老人为之感动,打

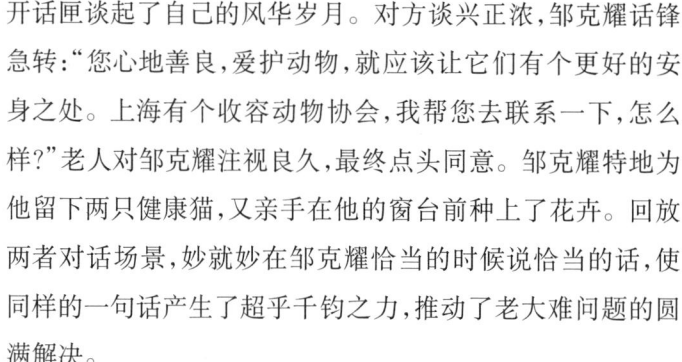

开话匣谈起了自己的风华岁月。对方谈兴正浓,邹克耀话锋急转:"您心地善良,爱护动物,就应该让它们有个更好的安身之处。上海有个收容动物协会,我帮您去联系一下,怎么样?"老人对邹克耀注视良久,最终点头同意。邹克耀特地为他留下两只健康猫,又亲手在他的窗台前种上了花卉。回放两者对话场景,妙就妙在邹克耀恰当的时候说恰当的话,使同样的一句话产生了超乎千钧之力,推动了老大难问题的圆满解决。

有一对兄弟因动迁款分配的事闹得不可开交。邹克耀主动上门跟他们谈心。将近一年时间,仅在弟弟身上的思想工作就做了不下 20 次。邹克耀语重心长地对他说:"三十怀恨,四十怀愁,五十怀念。我也有兄弟姐妹,一母所生,血浓于水,亲情是永远割不断的。你在上海惟一的血统亲人只有哥哥了,你有本事把你们姓的'张'字拆开吗?……"这番话说得多好啊!简直就是一把打开锈锁的金钥匙!邹克耀坚持耐心劝说,兄弟俩含泪握手,和好如初。

邹克耀擅于说话,妙语妙用,为社区群众所公认。这是源自对生活的深切认知,对事业的执著追求,是一种智慧与语言的优化组合。有人称邹克耀为"语言艺术家"。他却说:"说话是一回事,对居民需求不推诿、不拖拉才是最实际的,否则说上了天也是白搭。"

邹克耀践行自己"说真心话,办公道事,做正直人"的人生格言,27 年如一日。他因人而异、有的放矢、毫不做作的话语,温暖、真诚而直抵人心,成了他与居民之间的情感黏合剂。街头巷尾邂逅时,小朋友叫他"邹伯伯",老人们唤他"小眼睛邹同志",居委干部则称他"老娘舅"。亲密无间,这就是警民鱼水情呀!

微博微篇拓新路

2011年,虹口公安分局借全国公安机关启动开门评警活动——"大走访"之东风,由分局政治处宣传科、分局团委牵头,与各基层相关单位和邹克耀所在的四川北路派出所联手,在新民网、东方网、腾讯网开通了"@邹克耀"实名认证微博。不久,又推出了"邹三在线",把邹克耀每周三接待居民的平台移植到互联网上。

通过"除夕24小时微博直播",网友们为邹克耀的爱岗敬业精神,也为他跟上时代潮流的举措所感动,惊叹"邹警官也潮人!"并"向潮爸致敬!"邹克耀的微博在沪上打响了招牌,由此迅速成为"微博达人",拥有成千上万的粉丝。

邹克耀还做客东方网"嘉宾聊天室",与网友交流扎根社区工作的心得体会,同时讲述了他通过微博为群众答疑解惑、解决困难的实情真事,大大拓宽了警民沟通渠道,更广泛地纳民意、解民忧。

微博,是网络拓展功能的新事物。虽然"微",但是"博"。它让人们的思想触须无限延伸,与大千世界衔接、互动。邹克耀对此深有感触:"我是一个奔六十的人了。有句俗话'六十学吹打',意思是晚了,我认为活到老就要学到老,该学的就得学,工作一天就得学一天,能跟上就不算晚。结合工作,

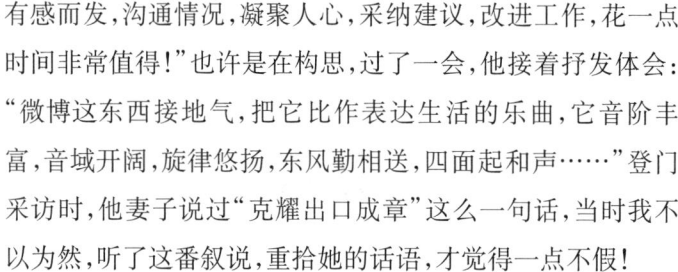

有感而发,沟通情况,凝聚人心,采纳建议,改进工作,花一点时间非常值得!"也许是在构思,过了一会,他接着抒发体会:"微博这东西接地气,把它比作表达生活的乐曲,它音阶丰富,音域开阔,旋律悠扬,东风勤相送,四面起和声……"登门采访时,他妻子说过"克耀出口成章"这么一句话,当时我不以为然,听了这番叙说,重拾她的话语,才觉得一点不假!

借力微博,成了邹克耀新型的工作方法。"@邹克耀"微博的影响力在民警个人工作微博中名列前茅。网友纷纷留言,希望他带出更多优秀民警,共建平安社会。

2012年5月,邹克耀荣获全国特级优秀人民警察称号,受到了胡锦涛总书记、温家宝总理的亲切接见。

采访采心人精神

采访过程,就是走进主人公精神世界的过程。有两个问号曾经萦绕着我:一、邹克耀长年累月不知疲倦,原动力从哪里来?二、邹克耀个性如此鲜明,处事往往当场表态,上下左右会有什么感觉?

当我跟着邹克耀来到生养他的老街坊——海宁路粤秀坊时,第一个问号解开了。

他指着虹口大楼说,当年这是区标性建筑,我家就在毗邻大楼的弄堂里,从1957年住到1998年。21个平方米挤着7口人,靠父亲工作养家糊口,日子过得结结巴巴。多亏了改革开放,才改变了命运。拆迁时,我带走了门牌,留作纪念。

年关在即,不少"新上海人"驾车返乡与家人团聚,拓宽后的海宁路不再车水马龙。邹克耀瞧准空档,麻利地拽上我稍立于路中央,踩了踩脚下的土地,眯起小眼睛动情相告,他生下来从医院抱回家和母亲睡的床大概就搁在这儿……

此时此刻,我不由想起一首歌——《多情的土地》。邹克耀深深地爱着这片曾经接受过它疼爱的土地。他的理想和希冀正是从这里萌芽,他踏上社会正是从这里起步。如今这片土地繁花似锦,日新月异,怎能不好好守护?他勇于担当,竭力报国。他善于调解,热情融冰。热爱与感恩,使得他日夜操劳而无怨无悔。

"局领导眼界开阔,见贤击掌,不会拿一个框框去套基层一线的同志,对警员既有统一的原则要求,又尊重大家工作上的创新,允许亮出自己的个性。"说这话的是虹口公安分局政治处副主任倪伟,"只要你做得合理合法,对广大群众有好处,有利于保一方平安,就予以大力支持。"

分局宣传科陈惟君科长接着说:"邹克耀富有人情味的做法,果断的临机处事能力,不仅得到居民和同事的高度认可,也得到分局和市局领导的充分肯定……"

他俩的话一下子把我的第二个问号拉直了。

当市局领导做出"邹克耀同志的工作方法、作风、精神应在社区民警中推广"的批示后,全市社区民警起而响应,精神抖擞"找差距,学排头"。他的先进事迹经各路媒体的宣传报道,通过"全国英模事迹报告团"的巡回演讲,进驻京城,走出玉门关,抵达白山黑水,传遍祖国的四面八方,融入了提振人心的中国梦。

探雪

　　这是一个深化改革开花结果的时代,这是一个呼唤进取精神的时代,这是一个不拘一格降人才的时代,这是一个英模辈出的时代。邹克耀的出现,犹如梅花报春般的自然。

　　邹克耀做报告时常常把讲话稿搁在一旁,动真情,讲真话。他对笔者说:"讲真话需要勇气,听真话需要大气。"对的,我们的时代正在逐步具备这种大气。而有了这种大气,人们的生活和工作也就更有了底气。

　　邹克耀躬耕社区,出烦琐芜杂而不俗,以"平凡中见伟大"一言蔽之总觉得意犹未尽。

红心谱

心迹

回家路上,顺便买了十几只猕猴桃。标签上注明"红心",产地四川都江堰。拎回家中,置于桌,家人逐个拿起来捏了一遍,质疑:"这么软,捂得太熟了,不一定好。""9月下旬收成,10月、11月,今天是12月底,时间稍微长了些,但无妨,现在仓储条件好,再说这种猕猴桃放得起。"我掐算后随口说道,"哎呀,就算继续为支援灾区建设出点力吧。"家人笑言:"都江堰猕猴桃的心是红的,你的心也是红的嘛。"

我的心怎么"红"不敢说,不过"5·12"地震之后,我倒是自发去了灾区,包括汶川、绵阳和都江堰,所到之处都没有忘记聊表心意。要说真正的"红心",当数那位卖掉自己房屋紧急参与赈灾、后来又不遗余力为都江堰猕猴桃打开销路的"美丽的上海妈妈"。古往今来,各路"红心"者,无不是像她这样以实际行动赴国忧、促兴邦的社会贤达。她的模范事迹感动了、并继续激励着前行的人。

探雪

本人对猕猴桃的认知是逐渐加深的。去年,有幸得到一个赴诸葛亮出生地南阳采风的机会,时值当地猕猴桃丰收季节。参观了果园之后,才知道猕猴桃原来是一种藤木树结出的果子。上街领略果市盛况,有位水果摊女主人正经八百地对我们说:"中!诸葛亮小时候就喜欢吃红心猕猴桃。"言下之意,红心猕猴桃格外有营养,所以他长大后脑子才那么好使,羽扇纶巾,独步天下。

我不禁窃笑,这东西乃猴子爱食之野果,除非小诸葛特别好动,喜欢到荒山野地穿来蹿去,再说当年诸葛家附近野林中是否有此"奇异果"也未可知。女摊主带河南话特色"中"之言辞,只能这么理解:时代使人变得越来越聪明,学会了"就地取材",拿当初躬耕南阳的诸葛亮说事。

南阳猕猴桃跟都江堰的一样,多数是红心的,被认为是猕猴桃中的上乘之品,据说其所含钙、磷、铁等元素和多种维生素特别丰富,不但能补充营养,而且可以防止致癌物质亚硝胺在人体内生成。近两年我对红心猕猴桃的兴趣有增无减,就有着保健养生的考虑。

事实证明我买对了:整果捏上去虽然有点酥软,但尚未"酒变"。将它拦腰对半切开,红心处呈散射太阳状。用钢种小调羹舀着吃,最后"刮"得干干净净,只剩外皮,一点也不浪费。果肉细腻可口,汁水足,甜度适中,与"美丽的上海妈妈"对都江堰红心猕猴桃的介绍完全吻合。

有一天我突发奇想,哎,造物主怎么也青睐红色?不忘将其注入各式各样的自然食物呢?而且红色的东西往往都是造物主的得意之作。你瞧,弥猴桃是红心的好,火龙果是红心的好,柚子是红心的好,青皮萝卜是红心的好,就连地瓜也是红心的好。有一种番石榴的称谓则更直接——红心果,诗人以"红玛瑙"相喻,树形漂亮,花朵鲜艳,那些红心果成片成林的村落,不让人来旅游观光亦难;果有"红瓤房",散发异香,籽裹蜡状膜,嚼着有一股清口的甘酸味儿。

综观天工造化之食物,大多数为素心与黄心,少数才是红心。同类中,红心的品质普遍好,所含有益于人类的成分明显多。看来,"普及中提高"的原则早就存在于天地之间。

人们称猕猴桃、火龙果、红心果等为"带着阳光味的果子"。由此,我又想起了有些国家的小学生,每天吃点心之前必定要朗诵一首感恩诗:大地赐予我们所有的食物/太阳使得植物成熟可口/亲爱的大地亲爱的太阳/我们忘不了你们的恩典。这种教育对培养孩子敬畏与爱护自然的观念意义深远。

中华民族与造物主同好,世世代代崇尚红色,红映寰宇,嗣脉兴旺无与为比。因为人口特别多,对"成熟可口植物"的需求也就特别大,所以要特别感恩太阳,感恩大地,并认真负责地把生态环境侍弄好。"中"!但愿吟颂感恩诗的声音,能够插上翅膀,响遍祖国的每一个角落。

万千红心灼如虹,无限爱意暖天下。物物堪足惜,处处起春风!

探雪

仙草之恋

一个人能够恋一行"咬定青山不放松",30年如一日,而且业绩骄人,实属凤毛麟角,难能可贵。

铁皮石斛在我国民间被称为"仙草",在国际上被誉为"植物中的大熊猫"。它长于岩崖,根不入土,濒危珍稀,早就被国家列入重点保护范畴。与仙草有缘的陈立钻,开创了铁皮石斛人工栽培先河,造就了一个行业,舞出了灿烂人生。他的名字与铁皮石斛共生,与全国劳模连在了一起。

立志行善济世

20世纪80年代,陈立钻还是一位浙江天台的乡村医生。他从悬崖绝壁上采到一株铁皮石斛,惊喜之余决定拿它作为母株,在山间碎石上进行人工繁育,从此踏上了以"仙草"济世之路。

星月映照过他瘦削的脸庞,晨露结识了他简朴的衣衫。

历经8年废寝忘食的探索,运用现代生物工程技术,终于攻克了野生铁皮石斛"驯化"难关,此举被《光明日报》誉为"解开了药学界的哥德巴赫猜想"。

这里栽培的铁皮石斛,在满足自然生长期中实现"无限仿野生"的目标,其有效成分得以慢慢积淀。中科院植物所与浙江省药检所联合对它进行鉴定,结果显示:它"所含的生物碱、多糖和氨基酸种类跟野生铁皮石斛相一致。"陈立钻领衔的团队,通过科学提炼、合理配伍而制成的"铁皮枫斗系列"(干品称"枫斗"),给千千万万的人们捎来了维护健康的福音。

当初,育苗实验室空间逼仄,栽培的山地也不足60亩。截至目前,他们在铁皮石斛原产地浙江天台建有田洋陈、西方洋、后洋等种植基地,总面积大达3323亩,特别是2015年7月天台西工业园区新厂房的落成并投入运行,产能明显增加,从而缓解了供不应求的状况。现在公司拥有省级企业技术中心和省级高新技术企业研发中心,拥有年产量逾400万钵的组培苗实验室,成为全国最大的铁皮石斛基地,荣载世界吉尼斯纪录。

由他创办的浙江天皇药业公司,9年之前就通过了国家GAP认证,这是同行业中的唯一。公司解决了千人就业问题。近四年公司 Economic Aggregate 稳健保持了百分之十七的年增长率。2014年公司实现销售收入7.55亿元,成为名副其实的常青企业,年上缴税收逾亿元。

中国石斛行业的创始人与引领者陈立钻,创造了令人瞩目的社会效益与经济效益,成为最早获得全国五一劳动奖章

的民营企业家之一,且连续三届担任浙江省政协委员至今。天道酬勤又酬善,实至名归耀深山。

拒绝种间杂交

梅花开过,百花齐放;树梢绿过,百鸟争鸣。如今铁皮石斛产业已然形成一个产业群,全国此类生产企业多达百余家,市场上的铁皮石斛制品不下200种。铁皮石斛产业迈上了商业化的快车道。

然而,强劲发展的背后也派生出许多问题。比如:市场上有的所谓铁皮石斛制品,实际上是紫皮、铜皮、硬脚铁皮、水草、刚节等非铁皮石斛的替代品;有的经营者使用标签标识不规范,甚至以次充好,以假乱真。凡此种种,无不是因为一些企业受经济利益驱动,缺少自律所致。

特别要指出的是石斛"种间杂交"问题。这种杂交似有泛滥之趋势。杂交是一个选育品种的方法,但作为中药材,务须杜绝"种间杂交",即铁皮石斛与其他石斛杂交,因为每种石斛成分都不一样。石斛属于兰科植物,全世界有1400多个品种,在这么大范围内杂交出来的所谓"新品种",还算是"铁皮石斛"吗?

铁皮石斛的正常高度为30~35公分左右,杂交生成的竟有100~150公分那么长,产量着实可观。所以,归根结底还是"逐利"在作怪。浙江天皇坚持采用经过兰科权威专家吉占和鉴定的当地野生原种,绝对不干"种间杂交"之事!公司切实还原铁皮石斛的生长环境,采取石头基质、大棚遮阴、保证生长年限等一系列措施,确保了品种的纯正性与品质的可靠性。

劝守职业道德

随着人们对健康生活的需求不断提高,铁皮石斛作为滋补保健品已经广为流行。然而,因为上述问题的存在,侵犯了消费者权益,使大家花了冤枉钱。于是,就要有一个声音来发出呼唤,规劝相关企业回到良知、道德和法制的正确轨道。

两年前由浙江省食品药品监督管理局、省经济和信息化委员会、省农业厅主办的"浙江省铁皮石斛产业发展与监管会议",就发出了这样的呼唤。会议出台了《2012—2015年浙江省铁皮石斛产业发展指导意见》,决心进一步规范铁皮石斛研发、种植、生产经营行为,推动产业健康发展。

其实,《中国药典》早已将铁皮石斛与其他石斛明确分开,但加工成"枫斗"后,普通消费者几乎无法从外观上辨别真伪。会上,浙江天皇药业有限公司董事长陈立钻先生大声疾呼,提醒种植户与经营户都要尊重自然规律,保护这一珍贵药材的生物特性。

接受记者采访时,陈立钻说,铁皮石斛产品是否正宗,要学会从四个方面看:一看产品所用铁皮石斛植株的产地(铁皮石斛自古以浙江天台和四川等地的产出为最佳);二看铁皮石斛怎么种(种在石头上的才是石斛,种在树干上便成了木斛);三看铁皮石斛种植时间的长短(催熟的只有1至2年,正常的种植周期不少于6年);四看生产方对质量重视的程度与把控能力。

探雪

陈立钻赞成浙江省中药材产业协会铁皮石斛分会副秘书长何伯伟的说法,怕记者一时弄不明白,最后特别强调:铁皮石斛品质的好坏,除了品种以外,还有两项重要指标,即种植方式与农药残留。石斛是阴生植物,不像水稻有阳光直射残留农药容易分解,遮阳网下的石斛无直射阳光,喷洒的农药很难分解而容易形成残留,只有种植在石头上的仿野生铁皮石斛能规避农药使用,才能确保其安全有效。消费者购买时,一定要辨明产地、种植方式和基地的认证情况。

笔者化繁为简,以为,消费者一般对栽培过程无从了解,那么办法只有一个,就是"吃牢"信誉好的、正规的生产企业。

乐见理性回归

铁皮石斛的价格正在逐渐回归理性,两年前铁皮石斛鲜条每斤售价要超出千元,现在差不多跌了一半以上。2010年左右,因为铁皮石斛的价格连年上扬,大量工商游资见机纷纷介入,冀望于暴利,甚至做箱包皮鞋的企业,也都投身种植铁皮石斛。供过于求的结果是价格自然下滑。今年,云南的情况就是如此,当地种植的铁皮石斛产量很高,价格却随之人跌。然而也有例外,浙江地区在自己种植基地种植的铁皮石斛,价格还是很坚挺,品质也始终有保证。

这源于他们认真完善全程质量监控管理体系。浙江天皇公司坚持做到科学化培苗、规范化种植、现代化生产,其承担的"铁皮石斛人工栽培与深加工综合利用"项目,被列入"国家火炬计划",并通过国家科技部的验收。公司自主研发的"立钻"牌铁皮枫斗深受消费者青睐,产品曾获得"国家重点新产品"、"浙江名牌产品"、"浙江省高新技术产品"等多项荣誉。

智者重道义,彰显赤子心。陈立钻以重构铁皮石斛纯品市场为己任。作为领军企业,他们继开发颗粒、胶囊、含片、花茶、饮料后,为了让更多人能吃上保持野生性态的铁皮石斛,享受到它养胃生津、清虚火、补五脏虚劳的益处,又面向高端市场精心开发了"立钻"牌铁皮石斛膏。这是目前市场上唯一的纯铁皮石斛浓缩制品,不添加任何辅料,成了当下铁皮石斛消费市场的亮点,常因热销而面临断货。陈立钻衷心希望经营石斛的企业共同来爱护这个行业,不要片面追求产量和金利而丢掉铁皮石斛广谱、安全、有效的核心本质。

浙江天皇药业有限公司是2010年版《中华人民共和国药典》铁皮石斛单列标准的主持制定者之一。以"立钻"铁皮枫斗晶进入市场为标志,常年来其产品赢得与人参、灵芝、冬虫夏草同等的市场地位,一直雄踞浙江保健品冠军宝座。

尾 声

这是一篇迟到了30多年的文章。在陈立钻先生创业早期,我就随上海新闻采风团,前往天台勘察了他的铁皮石斛人工栽培基地,因我不慎脚部骨折而影响了情绪,一拖再拖,时至今日总算还上了这笔文债。好在他事业有大成,写来底气特别足,内容也翔实了许多。陈立钻恋了仙草数十载,我又何尝不是如此?

探雪

音符飘处醉春风

　　去戬浜学校采访的那天正值暑假期间。走近校内的乡村少年宫,未及拾阶上楼,便听到和谐齐整、雄浑壮阔的歌声《大刀向鬼子们的头上砍去》。纪念中国人民抗战胜利暨世界反法西斯战争胜利70周年,凝聚了亿万颗国人之心,激发起民众如同五雷巡天、惊涛裂岸般的热情。"180合唱团"成员放弃休息专心排练的精神与劲道,让我和携我前来的老把式编辑、老作家赵春华先生为之动容——这真是一帮积极向上、青春蓬勃的好男儿啊!

　　戬浜学校坐落于嘉定区马陆镇。这所公办学校肩负着九年一贯制教育之重任,"全面发展"硕果累累,"音乐特色"尤为鲜明。学校组建的"180合唱团",以领弘扬高雅艺术风气之先而名闻遐迩。

　　先行接待我们的是校长张洁。一张洁净的脸阳光灿烂,谈吐抑扬有致,嗓门清亮,如果引吭高歌,那必定是漂亮的男高音。来的路上春华就告诉我："这张洁是嘉定区知名的博士校长,对音乐艺术造诣很深,20年前就是嘉定地区的十佳歌手,读研期间就举办过个人演唱会,出版了《男高音发音技巧》一书,也很爱才,为充实本校合唱团的骨干力量,慧眼识珠,从外区引进了专业能力特别突出的音乐教师,并千方百计通过正常渠道解决了这位教师的正式编制……"

戬浜学校男子合唱团成立于2011年,由该校8名热爱音乐艺术的年轻男教师组成,缘于他们身高都达到了一米八,故取名"180合唱团"。张校长把这"八大金刚"捧为掌上明珠,当作加强学校"乐感文化教学"的宝贝。如今合唱团成员换了茬,一如既往的是"好中选优",依旧沿袭原来的名称。合唱团坚持选歌标准:演唱的歌必须符合自己的音域,适合自己的特色,必须是自己最熟悉、但又不是那种流俗的"口水歌"。这个取向定位既务实又高远,睿智自在,从容自得,让人闻到了合唱团的兰馨气息,窥见了他们的玉石情怀。

"训练有素"是张校长介绍合唱团成员时用的突出关键词。校长从"精神、气势、基础"三者加以阐述,侃侃道来,听得我应接不暇,仿佛身临其境。为证实他的所言所表,我从随身带的包中取出一张歌纸,歌词由鄙人执笔,曲子出自于天津音乐学院作曲系主任顾之勉之手,歌名为《兰花吟》,请他们急排试唱。张校长不假思索,浅浅地笑了笑说:"好呀,绝对没问题!"我抖开手中歌纸向他递去,心中窃想:给你们出一道测试题吧,是马是驴拉出来遛遛!

约摸过了半个小时,一团之长仲崇亮(就是张校长从外

探雪

区引进的那位仁兄)唤我去大厅听唱。但见歌者排成一行,每人手执一份歌纸(办事相当利索,已经复印好)。调整后的合唱团还是8位,还是清一色的男子汉,看上去没有一米八,但个个精神焕发,无不在状态。仲老师端坐于钢琴之前,掉过头去朝大家丢了一个眼神,紧接着转身舒腕动指弹起前奏,又深深地点了一下头,各位心领神会,厅内歌声骤起,顷刻之间已成绕梁之势:花的世界里,兰花知自重,不亲羞献容。李白有言为草当作兰,东坡相识楚辞中。卖花姑娘临街站,雨丝丝,不肯干……吐字清晰,音色纯正,音域开朗,声线不乏磁性。最后是,我没有考倒他们,反而被他们折服了。

令人折服靠的是"精致、高雅、服务、提升"的团队精神。按照张校长"打造精品"的要求,每周一晚上,"180合唱团"的训练雷打不动。我从中体会到他们之所以能够抱团坚守的理由:一是对音乐的兴趣爱好由里而外喷发出的激情,犹如涌泉,汩汩不竭;二是严格的管理制度,从晚上7点至9点,不许迟到早退,有困难自行克服,有事务必预先请假。而实际上,只有私事让公事,谁也不愿随便拉下,轻易缺席。一位队员的家安顿在宝山,每逢周一,先要把孩子从那里接来学校,排练过后再把孩子送回宝山,来回路程不下100公里。他毫无怨言,无论春夏秋冬,抑或刮风下雨,都不折不扣完成训练任务。有位队员临时接到演出任务,当机立断退掉了去深圳的机票,放弃了前往参加亲兄弟婚礼的计划。这样的事例还有不少。笔者不禁想起"有一种力量叫精神"的先哲之言,这句话在他们身上体现得真真切切,声情并茂。

令人折服靠得是实战能力。"180合唱团"男高音与男中音兼备,皆为专业的音乐老师,音乐素养过人,表演才华出众,演出时一点也不怯场,都很出彩。合唱团成立四年多来,以和谐优美的歌声醉倒了从镇到区、从区到市的无数观众,征服了专业评委,取得卓尔不凡的战绩。其中有,上海市音乐教师基本功比赛、上海市新上海人比赛小组唱、上海之春新人新作等比赛一等奖,也成功举办了专场音乐会,还参加了两届上海国际音乐节开闭幕式(央视五套转播)。难怪乎"180合唱团"会被嘉定区文化局评为区三星级艺术团体。他们印证了一条生活中最质朴的真理:是金子总会发光!

仲崇亮老师的专业能力的确出类拔萃,借用"伯仲季"排行,显然属于"伯",而不是"仲"。他的通篇谈话涉及音阶、音品、音准等诸多关节,看似脱口而出,实则句句都靠在"谱"上。面对斐然成就,仲老师归功于懂行的学校领导和"一加一大于二"的合唱集体,同时由衷地大发感慨:原本以为国际舞台离我们很远,遥不可及,现在看来扎根基层、不懈努力是成功之母。是的,基层并非"垫底"的代名词,相反,身处基层更接地气,潜在的力量更为丰沛。

说到"接地气",张洁校长有两层表述。一是,马陆镇方方面面对"180合唱团"的关爱与支持。业务上,经常得到镇文体中心樊主任和作曲名家易凤林老师的指教,每场演出落幕,他们都会不吝点评,专业而又中肯,诚如高匠修枝,更似画龙点睛;经费上,镇政府倾情扶掖,慷慨鼎力,演出服装与场地租借,都无须合唱团挠脑烦心。二是,现实生活乃是创

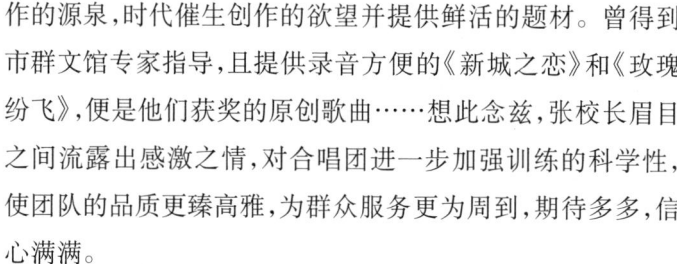

作的源泉,时代催生创作的欲望并提供鲜活的题材。曾得到市群文馆专家指导,且提供录音方便的《新城之恋》和《玫瑰纷飞》,便是他们获奖的原创歌曲……想此念兹,张校长眉目之间流露出感激之情,对合唱团进一步加强训练的科学性,使团队的品质更臻高雅,为群众服务更为周到,期待多多,信心满满。

音乐有胫跨校界,音符如蝶恋百花。"180合唱团"除了演唱各种风格迥异的歌曲,作品的演绎难度不断提高,演出的完美度逐年攀升,还排演了意韵隽永的歌剧——黄自清的《长恨歌》,不但丰富了嘉定地区人民群众的文化生活,而且促进了合唱团成员所在学校(现在合唱团中有外校音乐教师慕名加盟)的音乐教学,让学生释放压力,在音乐审美中轻松成长,涌现了一批德智体美全面发展的小歌星。这,无疑是"180合唱团"作用的大幅延展,能量的高倍释放。

年年岁岁,春风多情眷顾校园;近岁近年,歌飘校园醉了春风。这个由当地音乐教师组成的男声合唱团,正值青春年华,走在放飞理想、实现人生价值的路上。

心迹

一个毫无脂粉气的秦淮女儿

一份填写于2012年11月的《常住人口登记表》复印件，告诉我胡正伟来沪时间并不长。表格是马陆镇盘古天地社区白云小区筹建组提供的。我边看表格边提问，开始了我对胡正伟的采访。

她的先生姓许名迎春。"从性别上看，你们俩的名字正好倒过来，'迎春'更适合于女性，'正伟'一般用于男性。"

"找对象是找一个有担当的男人，名字只不过是个符号呀！"她听了忍俊不禁，随之打开了话匣，"2006年，我从南京师范学院中专职校毕业，去南京客运段当乘务员，在列车上跟许迎春相遇，大家谈得很投缘，就这么认识了。两年后辞职，成家后就随他来到了上海。"大有咬定青山、义无反顾之概。

这回是盘古天地居委筹建组举荐她作为采访对象。小胡知道我是《马陆报》介绍过来的，正儿八经当过记者，又是个作家,认定了我的可信等第,于是对我没有戒心与设防,有问必答,爽快得犹如竹筒倒豆子。

小胡的老家在古城南京,自小生活在秦淮河畔夫子庙附近,听着欸乃桨声长大。她说那一带很热闹,这我也略知一二。那里地处下关,庙市街景合一,属于南京最繁华的地段,素有"十里珠帘"之誉。而眼前的她,毫无脂粉气,衣着朴素大方,举止阳光明媚。这与她同为普通工人的父母从小对她的悉心教育不无关系,正应了一句"什么树开什么花,什么藤结什么瓜"的谚言。

父母百分之百尊重独养女儿的意愿,择婿标准拿捏有度,只要人忠厚可靠,脑子聪明,吃得起苦,有爱心和事业心就行,不求豪宅与香车。许迎春带着胡正伟来上海,走进借住房子的当儿,挽着她的手,哼起了"夫妻双双把家返",这个安徽小伙简直乐开了花!

如今,他们在新开发于马陆镇的盘古天地社区购置了房子。居家位于19楼,房子宽敞,面积近150平方米。她告诉我,父母最看中的是那间书房,暗喜女婿爱读书,有上进心。

胡正伟尽心尽责。热饭热菜这是起码的,还每天接送上幼儿园的孩子,并且把家里打理得井井有条。凡是能够做的事儿无一拉下,让在一家汽配公司搞销售的丈夫没有后顾之忧。闲下来,穿针引线捣弄十字绣——这是秦淮女儿的拿手活,或者练练瑜伽,或者教孩子学数字油画。小夫妻俩相敬如宾,日子过得和和睦睦,舒舒坦坦。

她对这里的生活环境总体上颇为满意。附近的紫气东来公园、远香湖,让她联想到南京的瞻园和白鹭洲,尽管没有它们那么完善,那么富有古韵,但毕竟有了休闲的好去处。小胡不讳言,目前社区的配套设施还没有完全跟上,比如买菜就不那么方便。她相信这一切都是发展中的问题,会逐步齐全起来的——新上海人,难能可贵的好心态!

作为新上海人的胡正伟,不满足于"相夫教子"的生活,总觉得自己应该为新兴社区做些什么。有件事对胡正伟触动很大,她曾经向小区筹建组的负责同志反映了所在居民楼有人乱扔垃圾的情况,第二天他们就到小区楼组张贴告示,要求大家切实重视公共卫生。是呀,搞好小区靠众人,不能光看着人家辛苦工作而自己无动于衷,不能只讲享受而不做点奉献。于是,她决定走出家门,当一个社区志愿者。

她先想到自己家里的书房,和丈夫商量后决定对外"开放",作为楼组居民的阅读点,让近万册不同类型的图书充分发挥作用,也先行弥补一下小区目前的"空白"。不用说,这是需要足够大度的,流露了从小就受到夫子庙书香熏陶的她对新社区的一腔热忱。

每每她送孩子上幼儿园之后,家里没有特殊情况,就主动来筹建组"报到"。社区组织的活动,如树木认领、才艺展示、采摘葡萄、包粽子、广场舞、消防演练、电梯逃生、趣味运动会、女性形象设计,等等,她都积极参与,有时还会发动嘉定地区的老乡,甚至动员公婆一起参加。在睦邻、暖乡的活动场合,随处可以看到这个秦淮女儿、志愿义工忙碌的身影。

探雪

　　胡正伟热情大方,与共事的小姐妹们融融相处,时或邀请她们看电影录像,时或大家带上孩子作郊外亲子游。她身上没有当年秦淮的脂粉气,有的是乐于助人的豪气,有的是新上海人创造新生活的勇气。

　　她的愿望是,待孩子再大点,自己抽空选修德语,对常年与安亭"大众"打交道的丈夫也许能有所帮助。再有,将来条件成熟了,在紫气东来公园或周边合适的地方,开一爿如花屋、咖啡屋那样的休闲类小店,届时可以把父母从南京接到身边来……

　　身处新天地,孝顺铭心不忘本。父母在远方,秦淮女儿情相牵。嘉定新城,海纳百川的吉祥港;腾飞马陆,抱志而来者的创业福地。祝愿她梦想成真!

富阳达夫静安影

在中国大地风云变幻的上世纪20年代末,郁达夫就挟着风华正茂来到上海。他曾在上海静安寺附近住过,这一带是我常年上班的必经之地,如果真的有可供追寻的时间隧道,一定能够看到我已经踩上了他的几个脚印。

数日前怀着虔诚去了郁达夫的家乡富阳。这是我第二次造访,第一次在25年之前,那是上海作家协会组织的"创作笔会",住处离他故居十余里地。一日中午,我借了一辆"老坦克",冒着酷暑,支支呀呀地骑到了富春江畔富阳城中。当时的达夫弄1号,院墙斑驳,尚无"郁达夫故居"标识,门外广场上也没有这尊郁达夫雕像。如今的郁达夫故居已修缮一新。这个变化,表明人们心中的纪念树长高了。

我不由从他的名字生出联想:时下流行"达人"称谓,郁达夫不就是那个年代一位琴心剑胆、活力四射的达人吗?

同心相应,同气相求。郁达夫敬重文化旗手鲁迅。他对

探雪

鲁迅的健康非常关心,曾与许广平私下里计议,不要让他喝"五加皮",还是喝绍兴黄酒为好。返居浙江后,每每去上海,再忙也要前往探望。有时候,为了消除鲁迅与一些亲友之间发生的误会,他会特地去上海斡旋调停。鲁迅离开厦大后,达夫多次向当时的朋友厦门市长建议把厦大门前的大道命名为"鲁迅路",终因厦门也不幸沦陷等缘故,未能如愿。郁达夫始终认为鲁迅是爱憎分明的正人君子,这与鲁迅身后那些抛开当时社情背景,缺少全局视觉而一味吹毛求疵,对其妄加贬责之人,迥然不同。也难怪呀!他和鲁迅在同一条战壕里已然达成了休戚与共。"横眉冷对千夫指,俯首甘为孺子牛"的联句众所周知,其实那是从鲁迅写给郁达夫的一首诗中来的——此乃他们共同的为人准则。

郁达夫视怯懦"附逆"之流为不齿,认为这种人"实在是中国人千古洗不掉的羞耻"。他几乎是在给"文人"下定义:"'文人无行'是中国惯说的口头语。我以为无行的就不是文人,能说'失节事大,饿死事小'这话而实际做到的人,才是真正的文人。"这,就是他在国难当头的环境下表现出的民族气节!

上海沦陷,一时成为"孤岛"。在重庆,有一次中国文化界举办宴会,为几位苏联作家接风。宴席上,大家联合给郁达夫写了一封信。郭沫若在信中附了几行字:达夫,你并不孤单,今天在座的,都在思念你,全中国的青年朋友,都在思念你。此事印证了他在中国文化界的影响力和"达夫"地位。

身为当时"全国文艺界抗敌协会"研究部主任的郁达夫,

曾亲赴台儿庄劳军。在台儿庄前线,他向将士做了激情演讲,短短半个月写了20多篇带着战地硝烟、近乎呐喊的通讯……

这回一起去富阳的还有许多爱好散文的同道,多数人认为散文必须讲求真实,也有相左之见,似有讲讲自己看法之必要。散文一般比较短小,有人以"半朵海棠说人情"相喻。郁达夫以剖白式的风格开创了我国现代文学史自传体白话小说的先河,名满天下,而他的散文同样匠心独运,精美如锦。他对浙江尤其是富阳爱之有加,写了桐君山、花坞、西溪、富春江、钓鱼台,还写了童年的梦。每篇皆真实可掬,寄情传神。笔者中学时代就读过他的散文《过富春江》,一个"过"字统领全篇,使得文章动感十足,一如富春江的流淌不息,而展露的是作者的心灵世界,抑扬起伏,余韵袅袅,至今记忆犹新。问渠哪得清如许,拿他的话来表——"我们的真情不死……"换言之,散文贵在一个"真"字,写真人真事,抒自我真情。倘若压根儿就是虚构杜撰的篇什,那就不是五四新文化运动以来传统意义的散文,而是别的东西。再赘一语,贴着真事儿来点联想是可以的,无病呻吟则是不足取的。散文怎么写?郁达夫为我们提供了范本。

"从文人到战士"的郁达夫为人随和,在文章上不与同道争甲乙,然而在爱国这个关键点上却从来不含糊,不甘后人,以无悔的担当点亮了有限生命之光——牺牲时,年仅49岁。

抗日战争胜利至今即将70周年。我仍然经常从静安寺一带路过,依稀似见富阳之子的身影,犹闻他急促的脚步声。

探雪

古刹禅意悠悠,有晨钟暮鼓为不再受欺凌的中国祈福。达夫,你可听到否?

［补记］我将文稿发予沪上以画马著称的顾宝兴先生先睹,被殷情告知:当年郁达夫先生住在靠近常德路华山路口的嘉禾里36号,他(指顾)丈人的父亲住在37号。郁每天早出晚归,不苟言笑,见人只是礼貌地点点头,邻居开始不清楚他是做什么的,后来才知道他原来就是不但善于抒写个人生活际遇、交往情感诗文,而且还擅于激扬文字、指点江山的郁达夫,发现他白话文和格律诗皆出手不凡。时过境迁,如今那里是笔者颇为熟悉的一个商业广场。

心迹

一墙意趣在山行

心向往之,美在其中。我在小厅墙上布置了两幅字、一幅画。字和画都围绕着同一个题材:《山行》。

七绝《山行》乃是留诵千载的一首唐代名诗。有这么几个数据:古代唐诗选本入选5次,现代选本入选27次,互联网上链接它的文章多达十万七千余篇。诗中山路绵长,白云缭绕,山里人家几处,崖畔枫叶流丹,诗人杜牧描绘的这幅美丽无匹的秋山行旅图,一直在记忆深处缠绵着我。

特别喜欢《山行》,除了这首诗的魅力,也与我本身山行的经历刻骨铭心不无关系。家乡多山,远些的有壶公山、笔架山,近点的有岩仙山,还有一群不知名的山。母亲告诉我,满周岁抓阄,我抓的就是山形的笔架和进过学堂的旧课本。小时候背着篓子上山耙柴草,稍长徒步去邻县仙游求学,都少不了山行。风雨无阻挡,赤脚不畏寒。路遥知脚力,夕阳山外山。生命不息,"山行"不止。曾经有人问我属什么生

探雪

肖,我浅笑作答:"鄙人属山。"

"远上寒山石径斜,白云生处有人家。"《山行》的前两句由大学同窗龚学平书写。这是第一幅,上面打了三个章。引首章刻着"民为本"三个字。是时,他还在市领导岗位上,章的内容自然流露着他的心思所系。落款行的中端处先盖了一个"小马"图案的闲章(其属马),下边再钤实名章。学平信笔写来,一气呵成,字和字之间引带呼应自如,飞白之处,枯而不燥,飘逸而独标一格,与寒山之白云同悠远、共舒卷。天高地阔,上下求索。笔底氤氲人间烟火,毫端连着"山里人家"。

"停车坐爱枫林晚,霜叶红于二月花。"诗的后两句为第二幅,出自周慧君之手。我和周慧君相识已有年矣,二十世纪70年代末,我在青年报主持生活周刊"绿叶"副刊,请上海滩几位书画家来报社作画题词,她亦应邀而来,留下了"良师益友"四字墨宝。后来疏于联系,乐见其书法日臻成熟,以至炉火纯青,盛名扶摇直上。为了备齐《山行》的后两句诗,我登门拜访,先生没有一点架子,欣然应许书赠,过了没多少时间,就按照我对字幅的尺寸要求写好了。从整体到局部,神采与形质俱佳。不由联想她书写的"上海影城",同样慧然脱俗,洋溢着书法线条的节奏美感,引得多少上海国际电影节的嘉宾驻足于阶前欣赏,交口称赞。如今,书法大家馈赠予我的不仅仅是一幅字,更是一份如丹枫般美好的情愫。

两幅字备齐了,希望再加一幅《山行》写意画,于是我想到了一起为《中国的世界遗产》大型诗画册出过力的宝钢美协主席汪家芳先生。幸得友人德民兄引见,我与这位国画名家一见如故。"前三句是交代、衬托,第四句才是诗的核心……"家芳通过对《山行》诗意的"散点透视",理清了主次。在下发觉,他抒发主观情趣的表现力不同凡响。小小一幅50公分见方的山间行旅图,石径隐约,曲折而上;赏枫停车处,布于视觉中心;车马之具象虽小,却栩栩如生。作品富含想象,兼工带写,运笔精到,敷色多有层次,还在右侧偏下预设的淡彩石壁上题写了《山行》全诗。汪先生以他的热情与爽朗,以及对艺术的执著精神,为我"二加一,字画同题材"的构想画上了圆满的句号。

"君王爱江山,文儒惜字画。"开合磊落天青青,相得益彰美引领。暑去秋来颜灼灼,一墙意趣在山行。观览之间,似跟杜牧同游,又如与三位君子对话,纵有苍白闲愁,亦被这胜于二月花的枫叶红红地濡染了。西方人有"说不尽的莎士比亚"之自诩,咱们则有"道不尽的唐诗"之自豪。谨以此文纪念杜牧诞辰1210周年,并表达对中华"唐诗王国"的敬意!

探雪

君匋先生轶事

《朋友》提醒我，题写"朋友"二字的钱君匋老人驾鹤西去已经整整15周年了。

前些日子，深得老人生前喜欢的老人的弟子陈辉为我刻了一方名章，旁款刻"为君匋师友人元沧先生治印"字样。刀味劲厚而静丽，颇得钱老印韵。接印，高兴之余顿生忐忑，作为晚辈的我，只有给老人添过麻烦，却失去了当面向他表示感谢的机会。我知道德高望重的老人不在乎这个，但我每每念兹便愧感油然。

上世纪80年代初，我供职于青年报，曾经为工作上的事请君匋先生来过报社，从此便和他认识了。1998年五月份，君匋老人正在南昌路家中养病，我却在这不适当的时候找上门去，请他为我的散文集《朋友》题写书名。

"见你很难，我打了不下5个电话。"甫见面，我就不知轻重地说开了。

"近日我身体有情况,闭门谢客,请新闻界同志理解。"老人豁达大度,没有计较我的失礼,反而让我为唐突和冒昧埋单——深深自责。

老人轻轻地捏过我的胳膊,然后移步端坐于椅,铺纸捉笔,一丝不苟地写下了"朋友"二字。转过脸来,笑了笑说:"小老弟,就这两个字?书名长点没关系呀,我写得动。"

事后才知道,早在一年多之前有位省长在上海大厦宴请包括他在内的沪上文艺界8位知名人士,先生就严遵医嘱而未出席。

见他精神还好,我把打算写于新书扉页上的题记念给他听:"朋友,是一种渗透,一种信任,是一种承诺,一种珍重,在下雨的日子,为你打伞,在远航的岁月,灯下牵怀。"

"不错,不错。"老人听了喜形于色,说,"有这样的念想很好,让我也加入你朋友的行列吧!"

此情此景,历历在目。是时,他已九十有二高龄。

一位早在上世纪30年代就以"钱封面"名扬天下、由此多次得到鲁迅赞扬的书籍装帧大家;一位为当年(1927年)从成都家里"逃"来上海的李芾甘(后易名巴金)提供资助,日后两人成为莫逆之交的贤哲长者;一位著述等身,艺涉新诗、散文、音乐、书法、篆刻、绘画、教育、出版、收藏等诸多领域的著名艺术家、出版家,是这样的没有架子,和蔼可亲,乐于扶掖后生,使我深受感动。

书稿付梓前夕,正当我准备撰写后记的当儿,有朋友来到办公室,贴在我耳边细声相告:钱君匋先生与世长辞了。

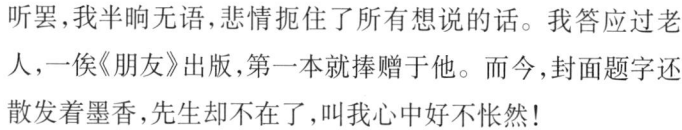

听罢,我半响无语,悲情扼住了所有想说的话。我答应过老人,一俟《朋友》出版,第一本就捧赠于他。而今,封面题字还散发着墨香,先生却不在了,叫我心中好不怅然!

记得请老人题写书名时,我还向他请教如何写作散文。他轻声谦虚地说:"这个我不精通。但我想,散文就是要散,不能拘谨,要放得开,让人感到很随意,但又不啰嗦;散文必须是文,要有章法有文采,让人家读着是一种享受。"停了片刻,接着说:"格调不能低,要有思想有品位,任何文艺作品恐怕都有这个问题。"钱老脱口而出,似乎不大经心,却句句在理,让我获益匪浅。啊,谁能停止光阴荏苒,转眼我也已步入老年,而他叮嘱的话我没有完全做到,尽管已经尽力,只能乞先生宽待了。

后来,我专程去浙江他的祖籍地海宁拜谒先生的陵墓,并参观了他的纪念馆,不忘揣上《朋友》——这是先生生前题写书名的最后一本书。

先生暮年有过刻一方《大自在》章的心思,因眼力不济而未能施行。这件事终于在先生的高足陈辉手中出色完成了。《大自在》章(四侧刻《心经》全文)堪称金石杰作,已被美国大都会博物馆所收藏,进入该馆的当代我国治印者迄今为止只有他一人。钱老若能视听,当含笑于九泉。看到书橱里的《朋友》,我想应该从心底掏点文字敬献给我永远忘不了的君匋先生。

邻居的孩子

心迹

春寒料峭,晨雾渐消。我正在小区附近的公园里喝早茶,邻居孩子获取这个"情报",兴冲冲拿了一篇作文来见我。她总是把星期天当作"星期七",负担似乎过重,令人心生怜惜。

孩子把作文簿扬了扬,随即递到我手上。"请多提宝贵意见。"语气中流露出两种成分,一是模仿型的客套,二是自发型的得意。我明白,这一定是她的代表作。

作文只有千把字,我很快就通读了一遍。文章记述了她在乡下外婆家如何收获快乐,整篇跳跃着童心。老师给它评了个"优"。作为初一学生,懂得写细节,懂得抒情,也初步掌握了详略,还要她怎么样?以上诸要我一一予以肯定,对这篇作文吃"优"没有异议。

然而,我发现有一处明显不对。作文开头她写道:"……我坚持要穿这件蓝底小红花的衣服,母亲拗不过我,只好连

探雪

夜帮我洗干净,早晨起来还没有完全干,我就这样一衣带水去了外婆家……"噢,原来孩子是这么理解"一衣带水"的。

要不要向她指出呢？怕扫了孩子的兴,我有些迟疑。"请多提宝贵意见呀!"在她的催促声中,我摆脱了自责吹毛求疵的心态,还是开口了。

我先试探着问:"你了解'一衣带水'的意思吗？"

她忽闪着眼睛,亮出了自信:"当然了解,这是一个成语。"

"对,是成语,"我微笑着,这样可以让目光柔和一些,并压低声音,"但是你用错了。"我发现,她听了之后脸迅即涨红了。

"是吗？为啥错了呢？您说呀,我叫您大伯伯呢。"孩子着急了。

"好、好、好,不怠慢你的信任。"

"看您,早就可以直说啦,为了我进步呀。"她收复了平静。

我轻轻地拽了一下她外套上束的布腰带,问她:"这叫什么？"

"叫衣带呀——"她把"呀"字拖成长音,看得出她在思考。

"对了,叫做衣带,一条窄窄的衣带……"

"我懂了!"孩子高兴得跳起来,打断了我的话,"'一衣带水'拿衣带比喻狭窄的水面,说明两地距离近,人来人往方便,我将它切开为'一衣''带水',错啦错啦。"

248

我顺势接着问:"日本离我们很远吗?"

"不远,日本和中国一衣带水,所以大家担心受到来自日本的核辐射。"多么聪慧的孩子,一点即通,而且能"活学活用"。

"你担心吗?"

"怎么不担心呢?听了专家的解说才打消了顾虑。"孩子边说边笑,"前天,我的奶奶也想去排队买碘盐,被我拉住了。"

……

她替我端起茶杯的同时,冲着我半娇半嗔地说:"大伯伯,您可别笑话我呀。"

"怎么会?像你这个年龄,我的作文还有过跑题不及格呢。"

"我要告诉我的老师,免得他也弄错了。"多么率直的孩子,单薄的人生辞典上没有"顾忌"二字。

"我改好之后再请你看。谢谢大伯伯,再见!"孩子说完,连蹦带跳地走了,走在"星期七"的路上,把身影轻盈成了美丽的蝴蝶。

其实,我应该感谢邻居孩子,她给我上了修正自己的一课。当今社会是让孩子"早熟"的社会,小小年纪,讲礼貌中已经带上了客套,与世故牵上了手,但是她毕竟还没有彻底告别童真,质地是单纯的;而我呢,面对好学的孩子,如果知而不言,甚至一味地迎合说好,这样的老世故无异于拿孩子"忽悠",不足取。

探雪

背影

我敢于置言,大凡受过常规教育的现代人,对朱自清和他的《背影》都不会陌生。

朱自清的父亲来世上一遭真的非常值得,孩子中有这么一位好儿子。无数读者在记住文学大家朱自清的同时,也记住了他父亲的舐犊之情与个性背影。是呀,好的文学作品不一定非要下笔万言,也未必要有豪华的文字阵容。《背影》篇幅区区,文笔质朴,仍然不失为感人至深的经典散文。

今日笔者念叨《背影》,乃是缘于现实生活的触动。诸位该看到一幅"背影"的电视广告吧,此背影非那背影,是一个时尚女人的背影,但似乎不能排除设计者从《背影》中得到启发的可能。其背后握着的那个醒目酒瓶,界定了朱自清与该设计者之间的差异——前者为情而书,后者为酒而谋。

嗟呼!众生百好,近酒者大有人在。坊间流传着一句调皮话:"别看咱们穷,小脸常常红。"生活中,或一壶浊酒喜相逢,或两盏琼浆壮行色,或举杯邀月对影成三人,等等,花自己的钱喝点老酒无可厚非。至于酒的上下,其实用不着劳神多言,连普通老百姓都心知肚明,更别提那些钞票"码卡码卡"经常进出专卖店的人,他们精明得很哩。而纵览日月春秋,历朝历代成俭败奢,这成了一条规律。复兴开来,岂容懈怠。有鉴于前车,窃以为作为公众媒体,还是多宣传勤俭节约为宜,别弄得屏幕上酒浪滔天。

我还发现,朋友当中有几位对《背影》烂熟于心的女士,她们的微信标识也用了自己的背影,不露正面真容。这样的背影标识比较含蓄。正因为含蓄,有那么一种月点波心、清风徐来的雅韵。笔者非但不反对这种构思,反而觉得这么着轻松随意。

当今社会信息之多,可用"山阴道上,应接不暇"来形容。令人高兴的是,从这些"背影"发出的微信都有所选择,既显现了对外部世界的关切,又不是有啥发啥,而是通过正能量的传递,使收信人从容地面对今天和未来,收拾起一份好心情。诚可谓:"背影"不背时,拿捏有分寸,良知起主导,情感在其中。

由上察之,朱自清的《背影》可以幻化为许多背影,纷呈出意味迥异的色彩,不得不惊叹时势的造化,并佩服现代人举一反三的聪慧。

返回文章开头,再聊聊他们父子俩。《背影》经过作者亲手交接的第一个读者乃朱自清父亲本人。朱自清接到开明书店寄赠的散文集《背影》后,立即奔向父亲卧室,让老人家

探雪

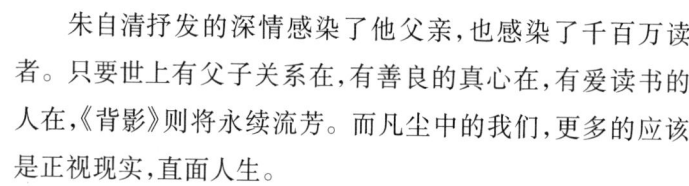

先睹为快。是时父亲已行动不便,挪到窗前细读再三。据说,父亲激动得双手微颤,潸然泪下。这就是真情互动的力量啊!

朱自清抒发的深情感染了他父亲,也感染了千百万读者。只要世上有父子关系在,有善良的真心在,有爱读书的人在,《背影》则将永续流芳。而凡尘中的我们,更多的应该是正视现实,直面人生。

其他

琢磨细胞

其他

我相信细胞有记忆。这里说的是大脑以外的人体器官的细胞。

"望梅止渴"的故事人们都不陌生。曹操为了提振急行军的士气,诓骗进入无水境地口渴难忍的士兵说,前方有片梅树林,到了那里便有梅子吃。士兵们信以为真,嘴里生出口水,口渴也就缓解了不少。其前提是士兵们吃过梅子,知道它是酸的。而之所以会分泌出口水,则具备了两个条件,一是脑子里(或曰心里)想到了梅子,二是口腔特别是舌头的味蕾细胞对酸的味道作出了反应。这反应就是器官细胞记忆的唤醒。

有一年我去福州看望文坛老前辈郭风先生。闲聊间说及家乡莆田的美食,他顿时精神倍增,两眼放光,说:"印象最深的要算海蛎,煎炒煮汤都非常好吃。"老人边说边下意识地咂着嘴巴,好像海蛎佳肴在口。个中缘由跟曹军士兵的情况

探雪

如出一辙,也是相关细胞的记忆使然,不同之处在于郭老并没有受骗。

在对家乡美食的记忆上,我和郭老无异,也把海蛎视为首选。每次回乡,在家里天天享用都不过瘾,还要让弟媳或堂妹或侄媳做了海蛎煎带在返程的路上吃。没等飞机着地,就已经解决得差不多了。"白云千里万里,明月前溪后溪。"游子的乡愁也罢,舌尖的美味也罢,往往都与细胞的记忆密不可分。

来上海的开初几年,饮食不习惯,身体总有一种说不清道不明的异样感觉。慢慢地习惯了上海,回到家乡反而又不习惯了,闹肠胃,或者是腰背酸痛,睡觉时连翻身都不便。这"水土不服"里面,难说与细胞记忆紊乱、没法及时调整过来无关。

说一件似乎不该说的事。戒烟势在必行,而我烟瘾大,抽了五十多年了,一时全戒亦难,只能少抽、限时抽。自己做出规定:上午 11 点之前不抽烟。每当浑身冒汗的时候,抬腕看表,正好 11 点。坐定,两个烟蒂落缸,汗就悄然而止。根本不是先想到抽烟,仿佛接到一种无形的提醒:规定时刻已到。这算不算相关细胞记忆在起作用?

我自己编了一套健身操,每天早晨盥洗、喝水过后必做,这也有些年头了。要是不做,觉得浑身板得紧紧的,难过得不行,做了就舒坦。哪天急于外出办事,就得提早起床,出门之前必须做完这套操。不思量,自难忘。这算不算相关细胞记忆在起作用?

那回和三五文友驱车去杭州尝新茶,见茶农现炒现卖明前龙井,我要求学艺获准,把手伸进大铁锅,呜啊!烫得我大呼小叫。摸摸老茶农的手,上面长满了厚厚的一层茧。于今回想,那老茧不也是手掌的记忆细胞对付高温的杰作吗?

别以为只有大脑在主宰生命。不错,发育健全的大脑是"司令部",好比"中央",但还有"地方"呢。人有"第二大脑"——心脏。人的一生其实是心脏和大脑反复"较劲"的过程:刚生下来时,大脑没有完全发育,这时基本上是心脏在行使调节权,哭笑随心,无忧无虑的快乐;长大后,健全的大脑便占据主导,开心与烦恼随之俱来,如果爱上了一个人,想到的只有快乐,那叫做痴心;人老了,大脑功能渐行退化,甚至于再转由心脏维持基本功能,变痴变傻而成了"忘忧草",什么都不会去计较了,这又是一种快乐,解脱的快乐。从这根生命的"抛物线"察之,记忆与调剂功能并非大脑一以贯之的专利。

最近读到一份资料,说的是美国有一位著名的心理学家,经过数十年的深入调查研究,得出结论:至少有十分之一的心脏移植患者,都继承了器官捐赠者的性格。有的人原本性格平和,接受移植后变得富有攻击性;有的人原本最讨厌肯德基炸鸡块,接受移植后变得特别爱吃炸鸡块。笔者提请注意,星星还是那颗星星,脑子还是原来的那颗脑子!此人曰:大脑以外的身体器官的细胞有记忆。

我相信,人体所有主要器官的细胞都有着某种记忆功能,具有特异的识别能力(安眠药作用于脑和脊髓内的中枢

探

雪

神经系统的过程中,肝肾等器官也参与了代谢,不可以随随便便说换就换,其中是否就受到细胞记忆的左右也未可知)。细胞的记忆能力也许远远超出了人们的想象。行文至此,不免又想起了小时候妈妈做的菜特别可口,郭风老人和我都喜欢的家乡海蛎煎格外有滋味;想象着"望梅止渴",难禁满口生津……

可能有读者会认为,我"堆砌"的只是表象,鄙人不排斥这种意见,更不会酷求共识于一时。但是我想说,本文列举的情况包括细节都是从自身经历中抖落的真实;还想说,国人自古沿用至今的"心里想"(而不说脑里想)都得到普遍认可,无人异议,何况我这篇章什乃为即兴随笔,请允许我发挥想象吧。想象本来就是自由的翅膀,无边无际才符合它的真谛。

狗·舌苔·人

其他

公园小后门左侧围着一堆人,手里都牵着爱犬。狗狗们被打扮得漂漂亮亮,有两只还穿着精致的绣花鞋。不远处樟树下,斜靠树干坐着一个头发蓬乱、衣衫不整的男子,看不清实际年龄,右手少了下臂,面前地上放着一个搪瓷圆盆,期待施舍。

人堆中央的小凳上坐着一位络腮胡子、头发三七分开的男人,身上挂着深蓝色的围裙。听旁边一个女士说,他每星期三下午走出自己开设的宠物诊所在这里设摊做善事,通过辨别舌苔等手段为狗狗看病,尽义务,不收钱的。医术好,很受这一带的狗主们欢迎。

如今,养狗的不都是有钱人,想省点钱是一种从众心理。"请大家排好队,挨个来。"一位狗主人主动站出来维持秩序。

第一只接受义诊的是边境牧羊犬。"这是世界上最好最聪明的狗狗啊,请您给看个仔细。""我知道,不用你多介绍。"

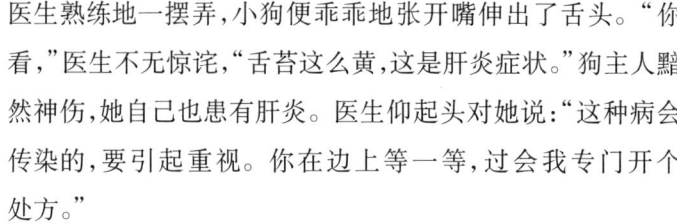

探雪

医生熟练地一摆弄,小狗便乖乖地张开嘴伸出了舌头。"你看,"医生不无惊诧,"舌苔这么黄,这是肝炎症状。"狗主人黯然神伤,她自己也患有肝炎。医生仰起头对她说:"这种病会传染的,要引起重视。你在边上等一等,过会我专门开个处方。"

第二只接受义诊的是贵宾犬。主人正欲介绍,医生扬手示意打住。"舌苔紫得厉害。"医生把狗抱近耳朵,听了听说,"呼吸没问题。"接着问:"这两天是不是给它吃了太咸的东西?""对的对的,是咸猪手惹的祸,都怪我家里那个笨蛋把酒席台上吃剩的一大堆咸货拿回来,还当作什么宝呢。""不要急,给它吃清淡些的青菜汤,过两天就好。"

第三、第四、第五只狗的情况与第二只相似。一般的紫舌苔属于褐斑类,与狗狗上了年纪有关,并无大碍。

轮到第六只狗狗了。这是一只哈士奇。有人认为这种狗不够聪明,其实未必,只是它很有主见,对主人的服从度相对比较差。医生一看它的舌苔便有了结论:"舌苔发白,缺血,给它喂一段时间红枣鸡汤,或喂女人用的补血口服液,就可以解决问题。""弄明白啦,今天就去买。"说话的是一位男士。"我让你买你总是拖了明天拖后天,给它买你起劲得咧!"身边的老婆分明有点吃醋了。

更为吃醋或者说倍感凄凉的,是樟树底下的那位残障人,人进人出,只顾给狗狗看病,就是没有人往他的盆子里投下一枚硬币。那年他在家乡奋不顾身救人,当地报纸还表扬过他的事迹呢。父亲早逝,母亲得了癌症,长期以来为看病

260

和恢复治疗弄得倾家荡产。没文化,又无一技之长,城漂已近三载,没有单位愿意接收。他觉得脚下的大城市离他是那么的遥远!贵人可遇不可求,职谋浮在云雾间。

突然,起了大动静,有个贵妇模样的女子力排众人挤了进去。"医生,我们庄园的藏獒病了,不能看家护院,明天你就过来给它看看。"这女的声如藏獒,"我给你地址,出诊费多少你说就是。"众所周知,藏獒可是一代悍狗!传说,在草原上它撒泡尿,方圆十几二十里内的狼都买账,吓得绕道走。"对不起,我从不个别出诊。"医生轻轻地挠了挠三七分开的头发,不紧不慢地说,"你的狗有病,请带到水杉路100号我的诊所来,可享受贵宾待遇。"她万万想不到,医生居然如此无法通融,这也许是她第一遭碰到用钱铺不成路,于是气急败坏地掷下一句话:"端什么臭架子,狗医生有的是!"说完扬长而去,身后留下一股Chanel No.5的香水味。

人群中爆发出笑声,夹杂着掌声,连树上的鸟儿也叫得欢,那是在为如此正气的医生点赞。静候开处方的边境牧羊犬的女主人言辞不无尖刻:"财大气粗什么,这年头天底下比她有钱的人多得火车皮都装不下!蛮好叫她伸出舌头,瞧瞧她得的是什么病!"

暮色四合,曲终人散,但见那位医生脱下深蓝围裙径直向樟树底下走去……

探雪

步行

  在所有健身运功中,双脚交替向前的步行最原始最简单最接地气,不需要什么"道具",对健康却最管用。我每天都要走上几千步,有一天不经意之间居然走出了25666步。这步数,从老家华亭镇到莆田城里绰绰有余,可以从外滩到静安寺大约走两个来回,可以在南京路步行街上往返9次。窃喜并自忖:嗨,我曾某还行呀!有人却提醒"要量力而行,恰到好处",使我感到被关心的温馨。

  路在脚下,腿力靠练。鄙人从小就赤脚走路,在仙游城关"西门兜"读初高中,每逢周末回家,要嘛抄近路,穿行于甘蔗林夹径的山间小道,要嘛多走一些里程,沿着少了逶迤、多了平直的公路走,脚底没有少被"玻璃沙"磨出血泡。"文革"期间有个口号叫做"练好铁脚板,打击帝修反","大串联"中凭着一双不知疲倦的脚满世界地跑。所以,我这个莆田农家子,步行的底功还是比较扎实的。

来到了大都市上海特别是大学毕业进入新闻单位之后，原先的习惯被新环境悄然蚕蚀了。步行次数锐减，以车代步骤增。做记者的时候相对好一点，当了编辑基本上就是整天价稳坐办公室，走动甚少。常年下来，人未老腿先老，而且总觉得这里不舒服那里不灵便，稍微体力一下就气急。为了不再如此"沦陷"下去，决心逆袭"重操旧业"——步行。宁站不坐，有机会就多走走，其结果是精神上获得了小满和清明，工作效率提高了。从报社告退后我易地上班，迄今一直坚持抽空步行，心情愉悦，减低了对烟草的依赖，增强了腿脚力量，精力始终充沛，无论任务多么繁重多么紧迫，如先后在限定时间里为中国48个申遗成功地、"一带一路"65个沿线国逐一赋诗，都适之如饴，与疲惫擦身而过。磨刀不误砍柴工，花点时间步行值得！

感谢住地近侧天赐了一座大公园，为我健身创造了极为有利的条件。公园曲径通幽，绿树成荫，俨然一个大氧吧，让人走着走着神清气爽，一不小心就突破了万步。感谢手机开发了"微信运动"功能。这个运动群体中，有我的学生和亲朋好友，其中有事业成功的企业家、名闻遐迩的书法家、一身正气的律师和擅长教学的老师，同声相应，同气相求，相互鼓劲，互相促进。大家都明白，这"微信运动"平台并非竞技场，不是为了争名次，只是一种放松，一种对步行健身的坚守。不要暴走，不刻意追求步数，原则是别累着自己。我高兴地看到，许多比我年轻者忙于开拓事业之余也加入了步行的行列，一步一个脚印，乐在其中。

探雪

得便展开一下吧。步行亦曰徒步,有的地方叫"卡步",那是用脚丈量大地之谓,有点浪漫情调。上海人对步行则有着俏皮而形象的表述:开"11"路车子。上海"南京路步行街"在全国城市中率先垂范,时任国家"一把手"还为它题了字,于是乎,举国效法,就连我们莆田也在古谯楼跟前开辟了一条步行街。人们可以在步行街上自由自在地进出,观光购物两相宜,实则也为南来北往的人们腾出一块"练脚特区",这对保持脚的基本功能——走路,不无裨益。步行,正成为一种时尚、一种文明。

笔者放胆以为,历史上最伟大的步行,体现于红军身上。二万五千里长征,执著的信仰,勇敢的追求,过程悲壮,过后壮丽。现如今最美妙的步行,体现于世人身上。不受限制的步数,优雅的环境,轻松的节奏,过程惬意,过后意兴。两相比照,条件差异迥然,"尽开颜"的收获无疑是相同的。我无意赋予日常步行别的什么色彩,只不过想表,尽管时代不同了,只要生活在延续,路总在远方。人类还能步行,明天充满希望。大家不要辜负了这么好的年华而蛰居于宅,应该迈开双脚去户外接地气,去呼吸新鲜空气,为幸福增加健康筹码。有人满足于在室内跑步机上运动,从健身效果审视,这毕竟与亲近大自然不一样。本人身体力行"以步代言",旨在提倡"健康第一"的理念。

步行的确好处多多。谓予不信,走起来,动起来,切身体会体会。

其他

炎夏之魂

蝉鸣高树,日烤申城。风失踪,夏正盛。

天气奇热!截至7月24日,上海市摄氏35度以上高温日累计已达18天,其中7月21日升至摄氏40点9度(这是从草坪百叶箱里出来的定标温值,不是户外大空间的气温,更不是露天地表温度),突破了1873年以来上海夏季极端气温的历史记录。本地一家电视台请来气象官员剖析原因,说是受"厄尔尼诺"影响造成的,笼而统之,语焉不详。"厄尔尼诺"乃赤道带大范围内的海洋大气相互作用,引起失衡的气候现象,其由来已久,为什么今年格外热?是怎么造成的?要害问题均未道明。说不清还是别硬撑,不难为情的,人类对世界的认识本来就是未知永远大于已知。

对今夏上海莫名其妙之热,微信平台的反应另有一番景致,独具漫画式的镜头感。"莆仙人在上海"微信群的油画师林文灿先生赋诗曰:日照街头生紫烟,行人尽在火上煎。相

探雪

逢皆成三分熟,未及开言先汗颜。群里的林锋兄弟戏言:如果你是跑业务的,过了这个夏季,你就可以给自己取个洋气十足的名字:塞得·乌漆玛黑。有朋友发来一个微视频,画面上是一只脱去"皮衣"的大老虎,正冲天吼叫着:"热得吃不消啦!"啊——,人类已然学会了苦中作乐,看着这些意趣横生的微信,无形之中减轻了酷暑形成的心理压力。

我把"居高声自远"的蝉声之多寡、其分贝之强弱视为炎热程度的标记。前天傍晚从报业大厦办好事情回家,走出大堂门就听到噪猛的蝉声,一路上蝉鸣不绝于耳。竟不知它是在为炎热讴歌呢,抑或也在大叫热得吃不消?据说,蝉儿是昆虫界的长寿明星,幼虫蛰伏于泥土底下修炼多年,才得以上树脱壳化蛹成蝉。熬过长期的暗无天日,只为了唱响这短暂的夏天,一旦秋风伙同凉君追起落叶,它们便"噤若寒蝉"。

时光流逝,经年复岁,蝉的乡音始终未改。高调清脆的声音曾经赠予赤日之下无数开心的童年。

夏日里捕蝉,那是童年一乐。凭少得可怜的一点生活常识和智慧,先做好功课,或收集蜘蛛网,或取来面筋,捏成小团,把它按在长长的竹竿梢上,靠其黏性去"搭"树上的蝉。要选中公蝉,眼明手快"搭"过去,不能有半秒差迟。母蝉不会叫,不好玩,搭了也白搭。村里的小屁男孩女孩一样的疯,男孩赤膊,女孩挂着肚兜,循蝉声而奔走于树下,欢呼雀跃,那才叫忘热纵情……

上海今年的蝉似乎比往年来得多,这与改变城市园林的管理观念不无关系。以往多年,轻信了几个所谓专家意见,认为行道树枝叶繁茂不利于城市废气散发,于是许许多多的树木几乎被剃了个光头,结果不但加重了环卫工人清扫路面的负担,而且少了绿荫挡日的爽快。要知道,什么都讲个度,修整是必要的,而不分青红皂白的大砍大杀则有悖科学。人们普遍发觉,今年上海市区的行道树不管大小都有着完整的树冠,市民们得乘凉之乐,蝉儿们也有更多的树枝可栖了。善莫大焉!

说及炎热,我自己有体会,即人的耐热本事与年龄相匹配。小时候,天再热也不怕,扛得住。中学时勤工俭学去仙游园庄周宅(可能音同字不同)种田,同学们冒着烈日比谁晒得黑,比谁脱皮的层数多。什么避免紫外线照射呀,压根儿就没那个概念。脱下背心,身上还留着一件"背心",以此作为下乡的"收获",想想可爱得有点好笑。如今不行啦,特别畏热,动不动就浑身冒汗,毕竟年岁不饶人。喜欢孵空调,能不出门就尽量不离开室内,尤其是像今夏这么热的天。

尽管天气热得出奇,城建工人照样出门,照样要去接受烈日的炙烤。蝉们还在延续着昨夜的鸣叫,住地附近的人声、机声已汇成了合唱,好多天都如此。大力士挖掘机经常调行头:今天装上钻锥,明天装上铲斗,后天又换上绞剪,分别派不同的用场,或打洞,或拆墙,或剪断钢筋,一个目标:尽快把"红线"内那些妨碍道路施工的"遗老遗少"建筑夷为平地。刚开工时尘土飞扬,后来有了改进,文明操作,边清理边喷水,让PM2.5不再恣肆呛人。从早7点到晚7点,轰然之声压过了蝉声。邻居们不计较它打破了早凉妨碍休息,毫无

探雪

怨言,都希望与延安高架路平行的"北横通道"能够早日打通建成,以缓解上海的交通压力。与其说这是一种无奈,不如说这是一种素质,往大里说,这就是大局观。我将自己的观点说与几位群友听,大家皆以为然。群友融入切身领悟的感言中,有两句话如同出水菡萏,美得可圈可点:创业是艰难的代名词;良好环境是戮力同心的诠注。

临窗,望着工地上工人师傅忙碌的身影,不由顿生敬意。他们没有更多的时间去表述人生意义,而人生意义却在他们身上闪射出更多的辉光。蝉儿们只会空唱,其高调是为了进入别人的世界;工人们不尚空谈,其低调是为了纯粹自己的世界。蝉,不过是盛夏的标记,辛劳付出、行必有果的建设者才是城市之魂、炎夏之魂!

风雨桃花

其他

桃花说,人言可畏。

它的话好像不是没有道理的。好不扫兴,现如今全国那么多城市都选定了市花,有谁选中它呢？许多地方办过"桃花节",只不过为了众所周知的那种需要,并非出于尊敬,至今还没有人奉它为一地之花魁,乐乐意意地将它搁在心上。

好端端的桃花被人说坏了。

什么"桃色新闻"、"桃花运"……说的几乎都是那层意思,这一副副枷锁实在太沉重啦！叫纤弱的桃花如何消受得了？一首《赠汪伦》的绝句为深厚友情树碑,也给当地村民汪伦立了传,李白看中的是可以承载深情的潭水,哪里曾把桃花放在眼里。一部《桃花扇》写尽了人间凄婉,还是无法唤起世人对它的怜爱。一曲《在那桃花盛开的地方》曾经唱红了全国,仍然没有改变它在人们心目中的地位。

它伤心,它委屈,越是"向客开如笑",似乎就越是显出它

探雪

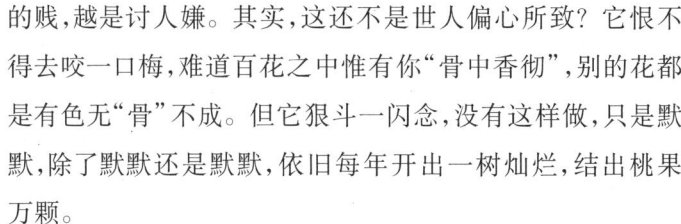

的贱,越是讨人嫌。其实,这还不是世人偏心所致?它恨不得去咬一口梅,难道百花之中惟有你"骨中香彻",别的花都是有色无"骨"不成。但它狠斗一闪念,没有这样做,只是默默,除了默默还是默默,依旧每年开出一树灿烂,结出桃果万颗。

它想,世人也真是,桃子几乎人人爱吃,就不想想没有花哪来的果,你厌嫌桃花就别吃桃果,那才前后一致不矛盾,那才不饮盗泉有志气呢。

想到此,它又暗暗觉得好笑,是人哪有不食人间烟火?除非上帝改造了人类,使世界上只有男人,或者只有女人,不然男女之间的恋情是无法避免的。"楚霸王纵横于千军万马之中,忘不了虞姬。周瑜、孙权,在他们那慷慨激昂的事业史上,也点缀着大乔小乔的艳迹"。何必岸岸然作正人君子状?至于你世人做出了"份外"的事儿,惹出了麻烦,为何把我扯进去呢?"桃色"和当事人的那种神色有何相似之处?他是他,我是我,为什么硬将他归到我的名下来呢?岂不是让我成了罪之源、恶之先了吗?……

哎,随他去吧。桃花还是想通了。

"竹外桃花两三枝,春江水暖鸭先知。"它踏踏实实地活,勤勤恳恳地开,不失时机地挤进了报春的行列。

春风绿新树,花燃山色里。淳朴的南国农人将清冽的泉水注进木桶,把饱满的谷种浸入其中,再折下一两枝桃花插于其上,留意观察它的变化,待到颜色有些发暗,花也不那么精神了,谷芽也就长出、长好了——原来桃花还可用作"计时"呢！这时候，闻"布谷"声声，看秧田似镜，映出了蓝天白云。

山坡下，桃林边，早起的农人结束了耕地作业，放下犁耙去给黄牛解套，在黄牛的屁股上亲切地拍了一巴掌，黄牛甩动尾巴，扬了扬首，向着不远处的草地一溜小跑而去，开始了劳作后的休闲，把紧张的另一端——轻松，撒娇似的表现给主人看。

八九点钟的太阳给返青的草地抹上了一层嫩黄。在鸟儿的啁啾声中，山村抖尽了惺忪，沸腾成了松涛，美丽成了桃花。

当会，从桃花源小学方向传来一阵阵锣鼓声，那是在欢迎海外游子归来。但见他们送给母校的一块大匾上，写着"桃李满天下，游子思故乡"十个大字，道出了襟怀里的澎湃情思。昔日天涯海角常相忆，今朝人面桃花相映红……

春天孩子脸，转眼间阳光敛却，换作了风儿习习，细雨霏霏。

桃花终于笑了，就为了"满天下"那句话！

探雪

眨眨眼

这是意味深长的眨眨眼。

这是人类眼睛联动的吉尼斯。

在同一个夜晚,人类遥望月球眨动眼睛,对阿姆斯特朗表达敬意与怀念。

2012年8月25日,人类探索并超越极限的榜样,登月第一人,美国宇航员阿姆斯特朗溘然长逝,走完了地球上82个春秋的人生旅程,把"个人的一小步,人类的一大步"这句名言永远留在了人间,留在了他舍生忘死为之效力的人间。

阿姆斯特朗的家人希望,世人以简单的方式缅怀他:想起他的时候,就对着天上的月亮眨眨眼睛吧!于是,才有了美国航天局的一番提议:在为阿姆斯特朗举行葬礼的当天晚上,全体美国人民对着月亮眨眨眼。

以眨眼睛的方式寄托对阿姆斯特朗的哀思,此举与其为人的风格相吻合。登月返回地球43年来,阿姆斯特朗淡泊如常,不喜欢成为媒体焦点,习惯于默默无闻,甚至过着隐居式的生活,被人们称为"低调英雄"。其实,像他这样,越是低调越有腔调,越显得超凡脱俗,越赢得世人的尊敬。

反观时下我们的一些人,尽管不是"人类一大步"的英雄,某方面有了一点成就便忘乎所以,尾巴翘到了天上,把个人功劳放大,伸手要这要那,频频做秀于市,忙得一塌里糊涂。孰雅孰俗,相比之下洞如白昼。原来,文明不文明并非虚幻缥缈,它是可以界定的。而且,人类文明旷无国界,可相互借鉴、促进,可一起欣赏、分享。

至于纪念,不一定要追求轰轰烈烈的仪式感,心中的纪念表面上平平淡淡,实则最为恒久。因为心比海大,容得下海所无法受纳的更为壮阔的波澜。眨眼睛,张眼闭眼之劳,传递的情感却是深沉的。与月亮相凝眸,不存在时差,也不存在障碍。寸心连广宇,无声胜有声。

此番眨眼情景,不由让我想起"眼睛是心灵的窗户"。听说,这句话出自大画家达·芬奇之口。我非画家,隔在"山"外,终究不知其专属语境。而我曾经在阅读中发现,十九世纪中后叶俄国作家柯罗连科这么说过:有人说眼睛是一面镜子,我更愿意把眼睛比作窗户,因为整个精彩的世界都是由眼睛感知之后注入心灵的,同时,心灵又通过眼睛替代语言抒发微妙的感情(大意)。我以为这是对"心灵窗户"最优秀的表述。"窗户"开开合合,接春风,送秋雨,探月43载弹指间。

是啊,眼睛接待了整个世界,精彩的世界与无奈的世界。

我们一起来眨眨眼吧,这是理解和默契。

我们一起来眨眨眼吧,表示友善和惋惜。

眨眨眼,对着晴空中的一轮明月,送斯人远行,看云卷云舒。

探雪

有钱时在酒店吃野菜

应文友老齐盛情之邀,国庆前夕参加了他们的家宴。他是老上海,出生在城隍庙老城厢,玩着滚铁圈、跳房子度过童年,19岁那年考取南大中文系,毕业后分进江苏一家杂志社,如今退休回上海安家,耳聪目明,每天坚持写作3个小时。

喜欢忆旧,也许是沧桑赋予老人的专长。"那时候,家里……"老齐还来不及吐出一个"苦"字,他的话就被孙子掐断了:"爷爷,您又要忆苦思甜啦,没劲!""是呀,你的不忘苦日子、珍惜好日子的话,拿计算器也算不过来,都把孩子们的耳朵灌满了,今天就别唠叨啦。"齐太太分明向着宝贝孙子。"好好好,大家吃菜、吃菜。"他边说边夹起一片三文鱼,往小碟蘸了蘸芥末酱油,送到我的盘子里。

他曾经对我诉说过早年的家境。在文具厂工作的父亲的薪水,加上母亲里弄加工组的报酬,就是全家的收入,一塌刮子不满40块钱。上有老下有小,还要负担4只书包。家里订了一份牛奶,4个孩子隔天轮流喝。母亲最勤奋耐劳、最缩食俭用,走亲戚分到4粒喜糖,舍不得吃,少了一粒4个孩子就不够分……

见老齐言语锐减,我想他还在心里折腾自己,于是笑着向他举盏,说道:"来,与往事干杯,咱们多说些开心的事儿吧!""上海的发展有目共睹,特别是改革开放以来变化真大呀!"他顿时来了精神,随之释放出了男中音。

这方面我算得上一个见证人。我主持过报社新闻编辑部,建造南浦大桥、组建东航、成立浦东新区、开辟张江高科技园区、修造内环高架路的新闻稿都经过我的手编发。这是一段日新月异、振奋人心的好年景啊!固定看其一点,是一丛鲜花;连起来看,是一条贯通全国的奔涌着时代激情的大动脉。

席间聊及上海区划"合二建一"的事。我和老齐所见趋同:上海城区已然大大拓展,北到长江边,南至芦潮港,原来的"南"被"中心化"了,黄浦区与南市区并为黄浦区乃顺理成章,水到渠成。眼下又盛传闸北区与静安区合并,果真如此,也是闸北区被城市发展"中心化"了的缘故,大可不必惊诧。将来有更大的发展,还会有更大的格局、更合理的布局。

儿媳朝公公看了一眼,插话道:"你们说得全对,就是忽略了一件上上下下都在关切的事,贫富差距没看到……"被全家称作"老革命"的老齐连忙踩刹车:"怎么没看到呢?生活像山路,多有不平。我们现在买不起大房子,而且住地偏远,给你上班带来了麻烦,这都是事实,我们只有这点能耐,

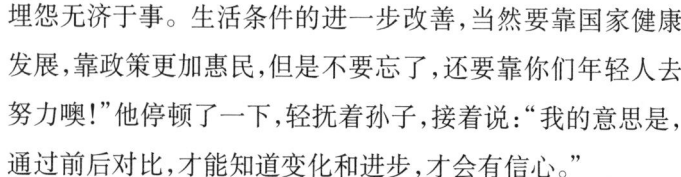

探雪

埋怨无济于事。生活条件的进一步改善,当然要靠国家健康发展,靠政策更加惠民,但是不要忘了,还要靠你们年轻人去努力噢!"他停顿了一下,轻抚着孙子,接着说:"我的意思是,通过前后对比,才能知道变化和进步,才会有信心。"

老齐也懂得纵怀放松,收束的话语极尽诙谐:"……没钱的时候养猪,有钱的时候养狗;没钱的时候在家里吃野菜,有钱的时候在酒店吃野菜。时代的确不同了呀!"不愧为文人,一番话逗得各位仰合大笑。

是的,对比有一种清醒上扬的力量。这力量见之于散席时众人的笑颜,也见之于从他家门口定定地照向远方的路灯。

凡人岁月

其他

　　夜来风雨声,打落PM2.5知多少,许爽的心情也随之好了起来。他出了家门就往电梯口奔,恰逢梯内无人,直达底楼向小区大门流星而去,走着走着,总觉得脚上有点异样,停下脚步撩起裤管,这才发现自己竟然只穿了一只袜子。他连忙折回家中再套上一只光脚,引得家人捧腹大笑。

　　从此,许爽身上便多了"一只袜子的故事",家人每每借此提醒他"凡事悠着点,欲速则不达"。年轻做杂志时,哪怕再忙再急,他也不至于闹出这么低级的笑话,凡是接近他的人,心里的一杆秤上显示的是相同的刻度:为人廉直,做事精细。如今犯糊涂了啊!真是岁月不饶人。

　　许爽的记性确实衰退了,行为的连贯性大不如前,甚至顾此失彼。有一次其家人赴澳门旅游,他忘了带钥匙进不了家,自责之余,只好不声不响去附近借宿宾馆。前些时日"上善若水"一词风生水起,许爽心仪那种高尚境界,反复琢磨,

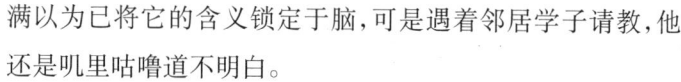

满以为已将它的含义锁定于脑,可是遇着邻居学子请教,他还是叽里咕噜道不明白。

此前三年许爽丢了两件手机,皆为上公共卫生间时随手一搁,事后走人,手机就成了飞离的黄鹤。损失巨大,没有电脑备份,那么多亲朋好友的电话号码一下子全没了,从头收拾伤透脑筋。在职期间,许爽的薪金待遇相当不错,而今钱之于他因少而见贵,量入为出,重新买的手机"一蟹不如一蟹",哪里还顾得上"与时俱进",只要求具备接打电话、发发短信的基本功能。对此,许爽自嘲:"到什么山上唱什么歌"。

他还多少有点"阿Q精神",属狗属鸡,健康第一,做做好事,快乐自己,我许爽的境况不算太差,比上不足比下有余。案例就摆在面前:有一日许爽去好朋友郑敏华家里做客,朋友盛情让妻子去小菜场买菜,妻子临出门时郑敏华叮嘱道:"葱就不要买了,厨房里还有几根。"看似平常的一句话,对许爽却形成了一股强劲的冲击波,他被震撼了。当初全市范围"结构调整",这位朋友从棉纺厂"一次性买断"提前退休至今,为了有朝一日能够买个稍微大点的房子,以改变三代五口的"蜗居"状态,始终省吃俭用,一年到头替换的还是那两套旧工作服。不管怎么说,我许爽掉了一只手机很快又购进一只,而他连买几根葱都要算算!许爽不情愿把他看作当今贫富悬殊中的穷人,而愿意把他视为壮士断腕前端的一根手指,那样才有几分壮烈,奉还本该属于他的尊严,普通劳动者的尊严。许爽寄希望于社会和政府对这拨人多一些理解与关爱,千万不要忽略了他们。

话说回头,当天许爽之所以那么匆忙,就是因为朋友郑敏华想在近郊买一套二手房,约定时间让他去参谋参谋。郑敏华担心:"听说新规要下来啦,届时负担可能被对方转嫁到我头上,事不宜迟。"他的妻子则认为:"政府已经考虑到困难群体改善居住条件的需求,用不着瞎紧张,一定要选择合适的房子,满意了才出手,还要比较一下同样地段的二手房跟经适房的价位差,不能'病急乱投医'。"许爽赞赏他妻子的意见,但还是答应郑敏华抓紧去看房——怕漏掉这件事,许爽特地在电视柜上搁了块备忘牌。起床后见为时不早,许爽扒拉了几口小米粥,就忙着去穿袜子,刚穿上一只又急于去接突然蹿进来的电话,于是便上演了一出生活中的喜剧……

正在帮朋友仔细打量房子的当儿,许爽的手机嗓然作声,另有朋友给他发来一条短信——《一只杯子的感悟》:"当一只杯中装满牛奶的时候,人们说这是牛奶;当改装茶水的时候,人们又会说这是茶;只有当杯子空置时,人们才说这是一只杯子。看来,当人们心中热衷于拥有更多的时候,往往就不是自己了。"不否认,这条短信含有某种哲理,可以警戒那些处于权力与财富高层而缺失节制的人,但压根儿不适合身边这位朋友——他正在寻觅"杯子",还不到装牛奶、品香茗的份上。

许爽乐于助人而从来不图名利,用行动诠释着"上善若水"的本真。许爽告诉郑敏华出门时少穿了一只袜子,他笑了,说了三个字:"难为你。"接着念了短信,他又笑了,也说了三个字:"这玩艺!"

探雪

念情

多情明月朗照,辉映着江中渔火点点。窗外已然成林的柳树晃荡着枝条,几无声息地婆娑着,恰似此时此刻老郝的思绪。

女儿的婚期近在眼前,老郝开始点数远近的故人,准备请一些人过来聚聚。他还在市纪委书记岗位上,素来严于律己、为人低调的他,自然不会去大操大办,然而毕竟是独生女儿,再说啦,毛脚女婿也是从小看着长大的,亲如己出,根据风俗习惯,总得在小范围内庆贺一下,借以表示重视与关爱。朋友不在多,有情则灵,想着想着,他给女儿的婚宴定下了八个字的原则:闹而不猛,只办两桌。而且,不上酒家饭店,就放在家里。

也许是有点怀疑自己的记性,也许是长期以来养成了有条不紊的办事习惯,老郝查对了通讯录上的号码之后,才给一位上海朋友拨通了电话。他清了清嗓子,亲热地唤了一声"阿五头"(对方小名),先念了挂于墙上的一幅字:故人西辞黄鹤楼,烟花三月下扬州。孤帆影远碧空尽,惟见长江天际流,接着仔细道出电话的来意,并宣布了"八字原则"。原来,老郝从阿五头父亲那里得知他儿子喜欢书法,那幅字是老郝定题叫阿五头写好去年十月份才寄去的。因为寄托着感情,老郝如获至宝,自己掏钱让人裱好,端端正正地挂了出来。

阿五头被老郝的盛情所感动,不禁回忆起八年前发生的事:

他们相识、相交、相知,其实纯属偶然。那时,阿五头的父亲和老郝都腿部骨折,住在医院同一间病房里,阿五头风雨无阻去医院照料父亲。而老郝没有惊动单位里的任何人,包括配备的专职司机,自己叫车从外地来到上海,手头事情多,本想看看医生就回去,拍片诊断为骨折,只好遵医嘱住下,身边少人照顾。刚上了石膏行动不便,小解内急,于是有点不好意思地向阿五头招招手,示意帮他把夜壶拿过来。阿五头搁下手中的书,没有二话前去提来,老郝正欲接过它自行解决,阿五头却说"你别动,靠床站好,我替你拿着"。用毕,洗清,放回原处。这样反复了许多次,一直到老郝家属赶来医院。阿五头是在老郝与前来探望的人对话中从旁知道他是市纪委书记的……

分别多年,每逢重大节日互致问候电话,各有先后。他俩成了朋友,老郝对阿五头的为人和工作的了解逐步加深。老郝也知道了阿五头的父亲是一位离休老干部。在写给他父亲的一封信里,老郝动情地说:"您教育有方,我是借了您的光呀!咱们干部子女都能像阿五头那样,懂得孝道,遵纪守法,

探雪

乐于助人,一个个都成为社会的积极推动力,那该多好!"在阿五头看来,那只不过是区区小事,人家却记得那么牢。他从中得到教益与鞭策,觉得无论如何不能让前辈失望。

巧得很,阿五头接电话的第二天,就从当地另一个朋友那里获悉,老郝资助了多位家庭困难的学生,其中两位考上了大学,他一如既往予以支持。这个朋友还说,老郝有今天,是赶上了改革开放的好时代。他不忘自己出身贫寒,所以特别有同情心,能够设身处地替他人着想。闻听此言,阿五头对其敬佩有加。他冲着朋友嚷嚷:评选好干部,我第一个投老郝的票!

阿五头正在考虑带什么礼物去参加老郝千金的婚宴,老郝的电话又打进来了:"……为什么说'君子之交淡如水'?阿五头,我是这么理解的,水清纯,不含糖,所以不易变质。你想和我做永远的朋友吗?那就什么也别带。你是贵客,来了我们就高兴。这是我的意思,也是我女儿的意思。"停了一会,又在电话里头把李白在黄鹤楼上送孟浩然的诗念了一遍,以此作为电话的结束语。一点也没有架子,完全取平等的态度。那抑扬顿挫之间,表达的是一种深沉的情意。

谚语云"滴水之恩,涌泉相报",老郝分明是涌"情"感恩啊!此乃芸芸众生都渴望的真情,亲切如同月下渔火,温暖犹如拂柳春风。一个人不管职位多高,如果缺失了这样的情愫,该记住的没有记住,也许就走不了多远。

其他

望塞北听江南,雪中梅花俏

"梅花欢喜漫天雪",毛泽东激情奔放的诗句,伴随着中国人民前进的足音,浪漫了一年又一年。考验了全体民众的自信心,检测了中华民族的意志力。

入冬以来,塞北和江南都降了雪,似乎不该下的地方也下了。家里的皮衣、羽绒服,因为多年用不上,早就送给了需要的人。这几天冷得真够可以,但又不想再买,便把现有厚些的衣服穿上,扛一扛,盼着太阳发力,天气回暖。

阳光果然灿烂,就有朋友打来电话,"一起吃个火锅,暖一暖吧"。他们曾经都是上海世博会的出色志愿者,很想听他们说说故事,谈谈感悟,当然愿意。但一听此建议,就有点发怵,担心吃到"化学火锅"。朋友笑我有风便是雨,劝我释怀,找家品牌火锅店,保管万无一失。想来也是,有问题的毕竟是少数,而且存在的问题可以通过从源头上加强监管、执法予以消除,不要夸大,弄得岁末年初人心惶惶。如果认为

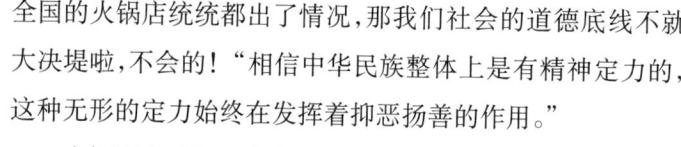

探雪

全国的火锅店统统都出了情况,那我们社会的道德底线不就大决堤啦,不会的!"相信中华民族整体上是有精神定力的,这种无形的定力始终在发挥着抑恶扬善的作用。"

火锅照吃,故事照听。世博志愿者甘于奉献的精神深深地打动了我。小华指着电视屏幕上一个熟悉的身影叫大家快看,说他就是和自己共过事的世博志愿者。那人口吐热气,正在八百里秦川的冰天雪地里与同伴一起奋力推车……"世博志愿者",一个多么光荣而崇高的名字,从小华曾经的同事身上,我看到,作为一笔精神财富,上海世博会的"成功"与"精彩",正在向着祖国各地辐射、延绵,托付时间演绎"难忘"。

闲聊间说及台湾。我用相当的话幅介绍了在台湾的所见所闻,撩得大家心里痒痒的,都表示要安排时间走一趟。有位老乡女士朋友,其言对我是条新闻,"福建农学院初创阶段在永安乡下,我的祖父是农学院的早期学生,解放前跟一批同学去了台湾,他们对当地农业的发展起了历史性的推动作用。台湾的茶叶、凤梨很有名吧,都与他们的辛勤培育分不开……""凤梨不就是菠萝吗?"我问。"是菠萝优化品种。"她接着说,"两岸可以说是'你中有我、我中有你',密不可分……祖辈做了贡献,我们也应该做点什么。""你想到那边去当志愿者?"有人插话。"有什么不可以呢?"她笑了,与窗外阳光一同灿烂。

火锅店大堂的电视里放出了世界各地大雪"搅局"的情景,有人在东北亚海域"聚众闹事"的镜头,东西方金融博弈的消息,还有温总理考察中央人民广播电台和听众连线交流的画面。温总理就调控房价对公众做了庄重承诺。其实,医疗、教育、物价等关乎民生问题一直萦系于中央领导的心中。雪冷,话暖,暖了塞北扫雪保畅通的志愿者的心,暖了江南踏雪勘察"一二五更美好实验型民居"中标地块的设计师的心。读媒体报道,那地块的"东面是一个梅园"……

尽管眼下世界"大雪纷飞",态势诡谲多变,骨如梅花只等闲,"我自岿然不动"。我们边品火锅边有共识达成:让海峡两岸继续沿着互利双赢的和平方向发展,把中国的事情做得更好,这就是一座"定海神针"。

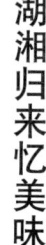

探雪

湖湘归来忆美味

天地悠悠,炊烟袅袅。五岳倚天,九州神采关不住了!1948年毛泽东就曾对外宾笑曰:"一个中药,一个中国菜,这将是中国对世界的两大贡献。"对中国鲁、川、苏、粤、湘、徽、浙、闽八大菜系,有人作修道状,断言此乃天人合一之造化;有人加以细化,便有了"知味、辨味、用味、造味"之说。我没有仔细探究过,它们之于我向来犹如布谷鸟的啼啭、远山的呼唤。这次饮了长沙水,接了湘江两岸之地气,才切身体会到八大菜系之一的湘菜之好。

本人除了忌辣,吃的方面不太讲究,"有什么吃什么,什么都少吃点"是我的均衡摄食理念。湖湘采风面临的餐饮上的具体问题就是"辣"。湖南人无辣不成宴哪!好在东道主邓燕和张富遐两位文友体贴成全,点菜时总是绕辣而过。我则每餐必说,你们别一味迁就我,也点几个辣的菜。

抵达长沙当晚,由邓燕的弟弟邓虎倾情张罗,第一"站"

便去了火宫殿。这个菜馆始建于清道光六年,迄今高寿一百九十有一,以湖湘传统风味小吃驰名中外。可能邓燕关照在先,上桌菜肴基本上都不沾辣。我边吃边想着他们为我而舍弃了自小钟爱的辣味,心里多有不安。眼前满满的一桌佳肴,均为该馆荤素名菜名点,许多菜已经记不得其名了,但记住了一道面孔颇为熟悉的红烧肉。

都说味蕾有记忆,看来不假。来沪五十余载,特别是成家之后吃过不少的红烧肉,其香已躲进了我的舌尖味蕾。我曾请教过美食家,红烧肉这道菜究竟始于何时,又是谁首创的?前者有答案:烹饪加上调味,才使得食物更加美味;只烹不调,则只有食物的本味。烹制红烧肉少不了作料酱油,而酱油明末清初才出现,所以在此之前不会有这道菜。后者没有答案:何处哪家锅里先飘出红烧肉的香味只有天知道。一位朋友对我讲,何必寻根究底,累不累?喜欢就吃呗!

想想也对,天下事知其然者众知其所以然者寡。上海人,几乎每家每户都会做红烧肉,哪家味道好,没有评比过,评定亦难。有句话颇为贴切传神:小辰光阿拉姆妈的味道!走近弄堂口就能闻到。上海本帮餐厅普遍擅于做红烧肉,做得颇为精致:五花肉肥瘦适当,红烧后挂色漂亮,还缀上些许白芝麻,视觉与味觉俱佳,美其名曰:讲究菜肴的文化品位。长沙火宫殿的红烧肉,除了白芝麻缺席,其他的悉数到位了。

举国皆知,毛泽东生前爱吃红烧肉,习性延至晚年,因受江青制约而常有不顺心。其喜好是如何养成的,是否与韶山农家的风俗习惯有关,从小他就领略了湖南家常版红烧肉的

探雪

美味?是否与新中国成立初年的"御厨"东林发起了助推作用有关?东林发是上海本帮菜名厨,调往北京专为毛泽东做菜,制作红烧肉是他的拿手好戏。这些尽为猜猜而已,不作数的。我看过关于长寿之乡百岁老人的调查报告,有的老人一生就喜欢吃红烧肉。其实,猪肉经过长时间烧煮,脂肪显著减少,胆固醇大为降低,而不饱和脂肪酸却又增加了,恰当摄食对身体有利。适合自己的就是好的,不必忌讳太多。毛泽东不是得享高寿吗?

不禁想起杭州太守苏东坡(其纵横64个春秋,在宋代也当属于长寿)。他不但自己爱吃猪肉,还叫厨子烧煮了犒劳修堤建桥的民工。有权贵者出于私愤乱上奏折,说苏东坡干尽坏事,老百姓恨不得吃他的肉。苏东坡因之遭贬,冤哉枉也!但杭帮菜中则由此多了一道名菜——东坡肉。料想当时抬上工地的根本算不得什么红烧肉,不过是普及型的大路货,因为那个时候还不见酱油踪影,而少了酱油则达不到红烧肉应有的挂色效果。现如今酒家菜馆里的东坡肉经过不断改良,已然时尚化,跟流行的红烧肉并无二致。原先的东坡肉,与上海本帮菜和长沙火宫殿的红烧肉大相径庭,不可同日而语。

后来去韶山又在毛家饭店品尝了红烧肉,是张富遐联系的。小张老家在成都,嫁来湖南,供职于郴州,活跃于中国诗坛,曾数度踏访韶山,熟门熟路,预先做了安排。置身于毛泽东故里,自然不会错过红烧肉。不违心地说,这里的红烧肉实际上平平,与本来的东坡肉类似,汁水过多,少有挂色,也少了些精肉。然而,在韶山吃红烧肉,其意义远远超出了它本身。这"农家乐"吃完了红烧肉还可以再续呢,无限量供应。城里人大都经历过,喝茶续水乃是寻常事,其此举在全国绝无仅有。韶山人就是有这种"共产主义"的大气魄!

我原本认为家乡莆田的海蛎才顶级OK,煎、炒、烧汤都是最佳的,另有焖豆腐、卤面(莆田人意识到这样写不妥,卤是卤水,并非烹饪方法,所以用了一个火旁加个鲁的字,而这个字并不存在。我只能将错就错也用了卤字)的好吃度也找不到PK对手,在湖南待了几天,这种感觉被冲淡了。火宫殿的红烧肉,可与上海本帮红烧肉一决高低。如果不考虑宾客忌辣,出锅前还会添加红辣椒和蒜苗,让湘菜的香辣气质展露无遗。长沙的饭店花生是生吃的,生的花生用凉开水泡胀,然后直接放进私房调料里,看似平常,吃来有一种异样的清香。一道芋块煲,采用的是当地产出的芋头,那个糯、那个香,教人不忍释箸。还有,邓燕极力推荐的一道寒菌汤,堪称鲜美冠军,拿上海话来说:鲜得叫人眉毛也落脱!邓燕是我履职报社期间多年交往的作者,写过《杨开慧传》,其笔触细腻溢彩,想不到还是个吃货,对吃食竟这般胸有成竹,一盘一碟如数家珍⋯⋯

在我步出火宫殿彳足街头、盛赞其美味佳肴的当儿,身边一位长者闻言,挨近我先介绍自己是在为该店服务中白了头,紧接着相告:1958年,毛泽东视察火宫殿菜馆,对这里的"辣味合蒸"、"东安子鸡"、"油辣冬笋"等名菜赞不绝口⋯⋯
诚可谓:一地水土培育一地食材,一方厨师烹调一方美味。

探雪

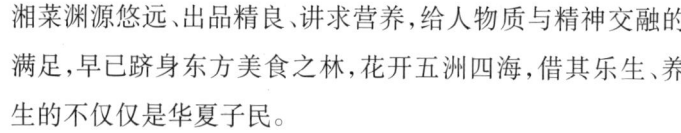

湘菜渊源悠远、出品精良、讲求营养,给人物质与精神交融的满足,早已跻身东方美食之林,花开五洲四海,借其乐生、养生的不仅仅是华夏子民。

湖湘数日,手机尤为耗电,每每用到了飘红。尽管未去见识八百里洞庭的湘君姊妹,未与毛泽东笔下往昔泪颜凄楚的斑竹邂逅,贾谊故居也因迎客"时差"未能一睹尊芳,所到之处的收获已经装满了行囊。眼福口福,怡心怡情。面对住地的鸟语青山,同伴中有人纵情掷言:真是不想走了!

补叙和鸣谢

后记

　　扉页上龚学平和周慧珺写的字,承载着故事。龚学平是我大学一个班级的同学,当过大官,对同学们没有架子,偶会融洽如初。那回在其办公室晤面,我实话实说:"在你所有题字中,'上海国际会议中心'写得最好,'上海文庙'也不错……"他说:"今天给你写几个字吧。"没有准备,写什么呢?他喜欢唐代杜牧的《山行》诗,想象中我家住在寒山深处,遂提议写《山行》。说罢随手取出一张纸,信笔挥毫,两句就写满了,欲换大的宣纸重新来过,我说不必了,我喜欢这几个字。事隔多时,我得便请书法家周慧珺续写了《山行》的后两句,尺幅相当,合成完整的一首诗。这两幅字看似与本书无涉,实则承载着老同学对我家乡的情意,又是从政达人与书法名家的联袂之作,鲜见为宝。借出版新书之机,让它们登上扉页,以飨读者。

　　扉页上赵丽宏的题字也有故事。他止在北京开会,我在

探雪

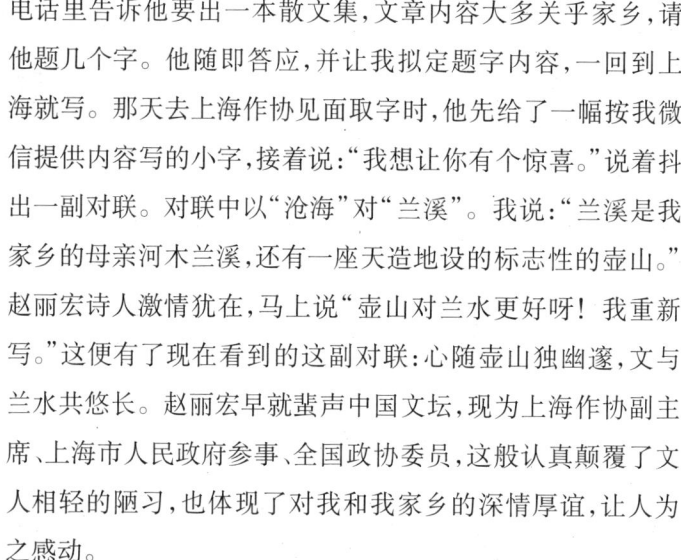

电话里告诉他要出一本散文集,文章内容大多关乎家乡,请他题几个字。他随即答应,并让我拟定题字内容,一回到上海就写。那天去上海作协见面取字时,他先给了一幅按我微信提供内容写的小字,接着说:"我想让你有个惊喜。"说着抖出一副对联。对联中以"沧海"对"兰溪"。我说:"兰溪是我家乡的母亲河木兰溪,还有一座天造地设的标志性的壶山。"赵丽宏诗人激情犹在,马上说"壶山对兰水更好呀!我重新写。"这便有了现在看到的这副对联:心随壶山独幽邃,文与兰水共悠长。赵丽宏早就蜚声中国文坛,现为上海作协副主席、上海市人民政府参事、全国政协委员,这般认真颠覆了文人相轻的陋习,也体现了对我和我家乡的深情厚谊,让人为之感动。

书名"探雪"由书法家钱建忠书写。钱建忠系上海书协楷书委员会副主任,出版过《钱建忠楷书三字经》《钱建忠楷书弟子规》字帖。钱建忠年富力强,潜心研究书道,勤勉实践,为人善良厚道,与我交谊甚笃,有求必应,此乃我之大幸。

《探雪》散文集融入了以上诸位的热忱与智慧,书的顺利出版,也得到了上海文艺出版社资深编辑徐如麒老师、上海文艺大一印刷有限公司马鸿奎先生细致精到的帮助,同时得到了挚友苏元族先生的关心和支持,在此一并谨表感谢!

曾元沧

2018年1月18日

附录

二十世纪60年代初四代同堂全家福

从左而右,中间一排:母亲、三婶、祖母、曾祖母、祖父、姑妈、大婶;后排:大叔、父亲、三叔、四叔、本人;前排:堂妹、胞妹、堂妹、表弟、堂弟

2017年,与福州四叔家部分成员合影

从左而右,前排:四婶金姐、四叔文豹;后排:堂妹荔军、堂妹荔青、堂弟荔明、本人、大叔之子堂弟世宁

2015年,村社活动后部分亲属合影

从左而右,中间一排:胞妹元珠、堂妹碧春、姑妈金兰、本人、堂弟世宁、妹夫文灿、表弟淑荣;后排:侄媳湘琳、堂弟媳林惠、侄女理敏、堂弟元和、侄女夫赛辉、堂弟荔明、侄子少敏;前排:侄子之女真好、侄女之子蔡正

2016年,与长子笑雷、孙女添悦摄于上海报业大厦

大学门口留影 1986年,与次子惊雷在复旦

附 录（一）

2017年,与文友同游长沙橘子洲头

2017年摄于长沙贾谊故居
从左至右:钱建忠、本人、邓燕、顾雄

2017年摄于湖南曾国藩故居富厚堂

2016年与文友梦奇(右)摄于莆田木兰陂

2016年摄于中国收藏协会上海大会

2017年春节,与挚友苏元族(右一)及其夫人林碧云摄于莆田东庄

2017年摄于上海莆一中校友会五周年庆典

从左而右:郑永德、曾世宁、本人、许荣聪

2017年,与乡亲摄于上海报业大厦门口

从左而右:永德、金豹、本人、仁辉、陈雷

2017年,与上海莆田城厢区商会会长刘永振(右)、莆田城厢区工商联党组书记宋超英(左)合影

2017年,与上海莆田荔城区商会会长郑文寿(右一)、莆田学院附属医院院长林海滨(右二)、乡贤卓国勇(左一)合影

初晤曾经沧海

附录（二）

自从与曾元沧老师链接了微信,我就喜爱上了"曾经沧海"这个微信名,有诗意,又有沧桑感,让我萌生了见见他真人的念想。

望秋时节,途次沪上,我特地登门拜访了曾先生。尽管此前书信已往来多时,但毕竟是初晤,猜想着一位著名作家少不了的架子,叩门时还是陡增了几分忐忑与紧张。

开门的是一位中等个子的长者。似有灵犀相通,对方一眼便认出了我,伸出热情的双手。见到室内尚有多人,我顿觉来得不合时宜,主动提出等你忙完了再讨扰。不料他开口就说:"无紧关,内部碰头会。"语调和语序都是地道乡音,那份不必要的顾虑便随之消散。

他快步领着我来到走廊另一头的工作室。我们的交流在普通话与乡音间穿插互补。对家乡来客,曾老始终怀有孩童般的好奇心,问及今年龙眼的挂果情况,还夸赞家乡建设

探

雪

进步喜人,感叹回家都认不得路啦。一问一答让我联想起诗人王维的佳句"君自故乡来,应知故乡事"所映现的意境来。

当然,曾老最关心的是家乡的文化事业。他提起与家乡许多文友的交谊,念及已故散文诗大家郭风、杂文家林振夏,《湄洲日报》老编辑陈光铸和林金松,也提到健在的散文名家章武章汉兄弟,还说时常上网关注家乡的各家报刊。就在不经意的闲聊间,了然我姑父的侄孙女就嫁给他的爱侄,感慨世界既大又小。这一愉快的发现,让两人更亲近了一层。

提及家乡事,我们找到了许多交集点。首先被提起的是他与家兄小学时期先后共同拥有的恩师龚洽。他追忆道,那是读大二那年寒假,当时龚老师已经退休,在城里一家企业协助搞管理,他专程前去探望。龚老师执意要他住一宿,亲自下厨为其做饭。那顿家乡饭菜的异香,好像一直没有飘离他的舌尖。我转述了家兄对龚老师的叨念,说他总是穿一身洗得发白的中山装,讲课时激情澎湃,板书爱写大字,费粉笔,一堂课下来肩上总会落满白尘。对启蒙恩师的缅怀,把我们带回了在乡间溪畔度过的童年时光。

话题自然而然转入了家乡的那条河。莆田的母亲河木兰溪发源于远在德化县的戴云山,一路多情蜿蜒三百里,最后汇入东海。曾老的家乡曾经是木兰溪上惟一住人的冲积岛,土地多砂,蓄水量少,无法插植水稻,只有旱地作物,难以供养全村人。村民的脚印注定是外向型的,早年便有走番下南洋的,解放初期闽北大山人口稀疏,这个自然村便有三成人背井离乡迁移去深山,在那里生根开花。

"地瘦栽松柏,家贫子读书。"在诸多出门方式中,读书成为走出乡间的主要途径。曾老就是通过读书成才的典型之一。他在家乡完成小学课业后负笈去仙游求学。当年家境贫寒,是打着赤脚徒步而去的,要走几十里硌脚的砂土路,直到脚底起了泡,也就望见学校的钟楼了。他在路途与书山的跋涉中成长,最终以全省文魁的高考成绩进入复旦大学新闻系。五十余载后的今天,《上海诗人》杂志主编季振邦先生,在曾老与长子曾笑雷合著的诗集《诗落父子间》序言中,还不忘拿他赤脚走进大上海那档子事来打趣曾老。

　　我兴致勃勃地说起那座小村庄独有的一个识别码,即村里人都用"海"字替代"很"字。夸一个人长得俊俏叫"海好看",评点某条微信内容生动叫"海精彩"。语言离不开生活环境,这种奇异的语法现象无疑是"孤岛"的产物。而习惯的力量大得很哩,当年家妹嫁入才不到半年,回娘家便满口是"海",小外甥刚满三岁,话中也带足了"海"。有一回我故意考考他如何表述:"海很大,都大到没边了,怎么说?"孰料口齿伶俐的小子不假思索答道:"海,海大呀!"紧接着说:"舅舅在海上开船怎么不会走丢呢?"童趣盎然的发问,令在场的人笑得前仰后合……

　　话题渐渐收敛到文学上。曾老边说边从书橱里取出一册最近出版的《诗落父子间》。他仔细题了赠语,钤上印。接过赠书后,我向曾老请教散文创作要领。他说:"文无定法,但要得体,因为文章有不同的体例。"稍顿又说:"别人写海只能是'闭门造船',而你就不一样,你有海上多年的生活阅历,

探雪

这是一笔别人所没有的宝贵财富。只要将自己的真切感受和体会抖落出来,注意起承转合、收放详略,就会是一篇可读的好文章。"曾老表扬我写自己熟悉的人和事,写得入情入理又风生水起,给了我很大的鼓励。

此时此刻不由想起去年我赴延安学习考察时读到的他的散文《探雪》,描述的是毛主席的名诗《沁园春·雪》的写作经过及发表后激起的千重浪。我说了反复阅读时的感动,曾老嘴角露出一丝不易觉察的笑意,并向我透露,计划明年出一本新散文集,书名就叫《探雪》,让人好期待。

回到住处,我仔细翻阅《诗落父子间》。诗作文字严谨而不失风趣,意境营造不论大小都自有品格,精致隽永,不乏哲思。我无意间发现,诗集中"海"的元素俯拾皆是。笑雷将后记取名为《艺海采珠 与诗共舞》,曾老的后记则以《陪航心得》为题。可以看出,这对父子始终将文学实践当作学海远航。这又让常年与水打交道的我,想起溪中小岛渡口的那条船来。虽无大海的排山巨浪,却不乏溪流的晃人颠簸。

那时候,曾老的家乡尚未修建大桥,村里与外界联系的惟一通道就是那条义渡。撑船的老艄公领着儿子负责全村人的过渡,风雨无阻。根据不同航段的水流变化,准确落篙施力,配合默契,才把渡客安全送达对岸。从手中这本散发着油墨清香的诗集里,我隐约读出这对父子文学方面的默契与那对撑船父子是何等的相似。曾老当年正是乘坐这艘渡船离开家乡走上漫漫征途的。至今,他对老艄公还深怀感念。

曾老和那代的无数人一样,走过无法回避的坎坷,历经了种种磨难,到荒凉的军垦农场劳动过,去长江岸边的草棚中学教过书。然而他始终跂望着、支撑着,不改报国初心,奋志弥坚,终于在雨过天晴的日子里实现了"专业归队"。作为一位老报人,他在繁忙的采写、编审之余,创作了大量的文学作品,蜚声上海文坛。曾经在全国流转的两句话——挑战与机遇并存,困难与希望同在,其源就在他的笔端。《中国散文精品分类鉴赏辞典》和《中国散文大系》都收录了他的美文。新书《诗落父子间》又被列入了今年的上海书展。这份勤勉发端于家乡的幼时教育,也深刻影响着周围的人,身为理工男的长子笑雷更是不用加鞭自奋蹄!

上海公务告罄,我拨通电话与曾老道别。他脱口而出:"迢迢千里微信通,多多交流胜春风。"诗人气质溢于言表。最后不忘叮嘱:"到家后报个平安!"

背上行囊也背上曾老的殷切寄语,我的返程一路温馨。

林梦奇

2016年8月写于福州

(本文作者系新媒体获奖作家、

现为莆田海事局副局长)

作家曾元沧传略

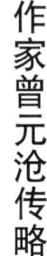
探雪

  曾元沧,莆田出生,复旦毕业。资深记者、编辑,报人作家。上海作协会员,加盟中国作协。笔名曾子墨。1985年参与创办《生活周刊(报)》,时称"生活周刊七君子"之一,任编辑部副主任、文艺副刊主编,坚持选登未名作者文章,培植了一批优秀文学青年,其间还发起举办"全国微型小说征文"(上海作协主席茹志鹃担任主任评委),影响遍及四面八方。1989年调至《新民晚报》,先后主持过要闻编辑和副刊评论,后期曾接受委托代编欧亚三家报社的华文版文艺副刊。1991年,其传略被刊于《世界优秀人才大典·第一卷》。2004年,比利时文化艺术交流中心授予永久名誉主席荣誉称号。创作以散文为主,兼涉诗歌等体裁。出版散文集、评论集多部。为中国48处申遗成功地吟赋的48首诗,得56位著名书画家鼎力,书写、配画,出版了大型书画册《中国的世界遗产》。《唐诗新编全译三百首》,由其一人选编并全译为白话。

散文作品曾获全国十佳散文提名奖,有的被编入多地中学语文教材,有的被选进《中国散文精品分类鉴赏辞典》,或载入《中国散文家代表作集》和《中国散文大系》。几次个人签名售书,所得悉数捐赠慈善。也曾赴汶川地震灾区,解囊救助。前辈任政(中国电脑字库楷、行二体之书者)曾对其人其文给予评价:人间正气,笔底波澜。2005年,中国散文学会、上海作家协会和新民晚报社联合为其举办作品研讨会,中国作协党组书记处、福建省文联及全国多家报纸杂志发送贺信,上海主流媒体均有报道。对"新时期"奉献的格言是:希望与困难同在,机遇与挑战并存。2017年,为所有"一带一路"沿线国赋诗75首,由著名书法家黄世钊、著名油画家李恒联手,分别题于描绘各国风情的75幅巨型油画出国巡展。

(原载中国作家会员辞典,有修订)

图书在版编目（CIP）数据

探雪/曾元沧 著.-上海．上海文艺出版社.2018
ISBN 978-7-5321-6096-9
Ⅰ.①探… Ⅱ.①曾… Ⅲ.①散文集－中国－当代
Ⅳ.①I267
中国版本图书馆CIP数据核字（2018）第035460号

责任编辑：徐如麒
书名题字：钱建忠
封面设计：王笑菁

书　　名：探雪
作　　者：曾元沧
出　　版：上海世纪出版集团　上海文艺出版社
地　　址：上海绍兴路7号　200020
发　　行：上海文艺出版社发行中心发行
　　　　　上海绍兴路50号　200020　www.ewen.co
印　　刷：上海文艺大一印刷有限公司
开　　本：889×1240　1/32
印　　张：9.625
插　　页：15
字　　数：205,000
印　　次：2018年3月第1版　2018年3月第1次印刷
印　　数：1—15,000
ＩＳＢＮ：978-7-5321-6096-9/I · 4723
定　　价：66.00元
告 读 者：如发现本书有质量问题请与印刷厂质量科联系　T:021-57780459